ANTOINE DE SAINT-EXUPÉRY

Zwischen Sand
und Sternen

ANTOINE DE SAINT-EXUPÉRY

Zwischen Sand und Sternen

Lebensweisheiten und Zitate

Aus dem Französischen
übersetzt und herausgegeben
von Marion Herbert

Anaconda

Die Deutsche Nationalbibliothek verzeichnet
diese Publikation in der Deutschen Nationalbibliografie;
detaillierte bibliografische Daten sind im Internet unter
http://dnb.d-nb.de abrufbar.

Umschlagmotive: »Crucifixion«, English School,
(20th century), Private Collection / © Look and Learn /
Bridgeman Images (Landschaft) – »Vintage-Flugzeug«
© vadimmmus / iStock (Flugzeug)
Umschlaggestaltung: Druckfrei. Dagmar Herrmann,
Bad Honnef
Satz und Layout: Roland Poferl Print-Design, Köln
Printed in Czech Republic 2019
ISBN 978-3-7306-0733-6
www.anacondaverlag.de
info@anacondaverlag.de

INHALT

ÜBER DIE NATUR

Die Wüste für uns? Das war, was in uns entstand. Was wir über uns selbst lernten. *Die Erde des Menschen, S. 96*

*

Nur eine Sache gefällt mir hier, und das sind die Sonnenaufgänge. Sie sind theatralisch. Zuerst erscheint aus der Nacht eine gigantische Kulisse violetter und schwarzer Wolken, die immer deutlicher wird und sich am Horizont aufbaut. Anschließend kommt Licht hinter einer schwarzen Rampe hervor und zeigt einen strahlenden Hintergrund. Dann tritt die Sonne auf. Eine rote Sonne, so rot, wie ich sie noch nie gesehen habe. Nach einigen Minuten des Aufstiegs verschwindet sie hinter einem wirbelnden Bühnendach. Es kommt einem vor, als hätte sie eine Grotte durchquert.

Briefe an seine Mutter, S. 711

*

Die monotone Landschaft, die den Passagier langweilt, ist für die Besatzung schon eine andere. Die Wolkenmasse, die den Horizont verdeckt, bleibt für den Piloten nicht nur Kulisse: Sie wird seine Muskeln beanspruchen und seinen Geist herausfordern. Er berücksichtigt sie bereits, schätzt sie ab, eine richtige Sprache verbindet sie mit ihm. Dort ist eine noch ferne Bergspitze. Welches Gesicht wird sie zeigen? Im Mondschein wird sie ein willkommener Orientierungspunkt sein. Aber wenn der Pilot blind fliegt, Mühe hat, seine Abdrift zu korrigieren, und seine Position nicht genau kennt, verwandelt sich die Bergspitze in einen Sprengkörper, sie erfüllt die ganze Nacht mit ihrer Drohung, genau wie eine einzige Seemine, die von den Strömungen mitgerissen wird, das gesamte Meer gefährlich werden lässt.

So variieren auch die Ozeane. Für die einfachen Reisenden bleibt der Sturm unsichtbar: Von so weit oben betrachtet, bieten die Wellen kein Relief und die Schaumkronen wirken unbeweglich. Nur große, weiße Palmwedel breiten sich aus, gezeichnet von Adern und Flecken, und scheinen dann zu erstarren. Aber die Besatzung weiß, dass hier eine Wasserlandung verboten ist. Für sie sind diese Palmwedel wie große, giftige Blumen.

Und auch wenn die Reise glücklich verläuft, verfolgt der Pilot, der irgendwo auf seinem Streckenabschnitt fliegt, nicht einfach ein Schauspiel. Die Farben der Erde und des Himmels, die Spuren des Windes auf dem Meer, die goldenen Wolken der Dämmerung bewundert er nicht, sondern studiert sie. Wie der Bauer, der auf der Runde durch sein Land an tausend Zeichen den Verlauf des Frühlings, den drohenden Frost, die

Vorboten des Regens erkennt, so entschlüsselt auch der Berufspilot Anzeichen für Schnee, Anzeichen für Nebel, Anzeichen einer ruhigen Nacht. Die Maschine, die ihn zunächst davon fernzuhalten schien, unterwirft ihn umso heftiger den großen Naturphänomenen. Allein vor dem gewaltigen Gericht, das ein Sturmhimmel für ihn einberuft, streitet der Pilot mit drei elementaren Gottheiten um seine Post: mit dem Gebirge, dem Meer und dem Gewitter.

Die Erde des Menschen, S. 33–35

*

In Paraguay gefiel mir dieses freche Gras, das zwischen den Pflastersteinen der Hauptstadt hervordringt, um als Bote des unsichtbaren, aber spürbaren Urwalds nachzusehen, ob die Menschen die Stadt noch halten, ob es nicht an der Zeit ist, all diese Steine ein bisschen durcheinanderzuwerfen. Ich mochte eine solche Art des Verfalls, der nur einen zu großen Reichtum ausdrückt. *Die Erde des Menschen, S. 33–35*

*

Ich spüre die Nacht kommen, in die man sich einschließt wie in einen Tempel. In die man sich, den Geheimnissen wesentlicher Riten folgend, einschließt in eine Meditation ohne Rettung. Die ganze profane Welt verblasst bereits und wird verschwinden. Die ganze Landschaft ist noch von gelbem Licht gesättigt, aber etwas davon löst sich bereits auf. Und ich kenne nichts, absolut nichts, was so kostbar ist wie diese Stunde. [...] Ich gleite in die Nacht. Ich fliege. Ich habe nur noch die Sterne auf meiner Seite ...

Dieser Tod der Welt geschieht langsam. Und allmählich fehlt mir das Licht. Die Erde und der Himmel gehen immer mehr ineinander über. Die Erde steigt auf und scheint sich wie Dunst auszubreiten. Die ersten Sterne zittern wie in grünem Wasser. Ich muss noch lange warten, bis sie sich in harte Diamanten verwandeln. Ich muss noch lange warten, bis ich den stillen Spielen der Sternschnuppen zusehen kann. In manchen Nächten habe ich so viele große Funken fliegen sehen, dass ich den Eindruck hatte, zwischen den Sternen würde ein kräftiger Wind wehen.

Die Erde des Menschen, S. 135–136

*

Meine liebe Mama, setzen Sie sich unter einen blühenden Apfelbaum, denn angeblich blühen sie in Frankreich. Und sehen Sie sich für mich gut um. Es muss grün und hübsch sein, und es wächst Gras ... Das Grün fehlt mir, das Grün ist eine moralische Nahrung, das Grün sorgt für Sanftheit und Seelenruhe. Entfernt man diese Farbe aus dem Leben, wird man schnell hart und schlecht. Raubtiere sind nur deshalb so wild, weil sie nicht mit dem Bauch im Klee leben. Wenn ich auf einen Strauch stoße, reiße ich ein paar Blätter ab und stecke sie mir in die Tasche. Später betrachte ich sie liebevoll in meinem Zimmer, drehe sie sanft hin und her. Das tut mir gut. Ich möchte Ihr Land wiedersehen, wo alles grün ist. *Briefe an seine Mutter, S. 714*

*

Wenn die Wildenten zur Zeit des Vogelzugs vorbeikommen, rufen sie in den Gebieten, die sie überfliegen, eigenartige Fluten hervor. Die Hausenten beginnen, wie angezogen vom großen Flugdreieck, einen unbeholfenen Sprung. Der wilde Ruf hat in ihnen irgendeinen Rest von Wildheit geweckt. Und schon sind die Bauernhofenten für eine Minute in Zugvögel verwandelt. Schon entwickeln sich in jenem kleinen harten Kopf, in dem bescheidene Bilder von einem Teich, Würmern, einem Hühnerstall kursierten, die Kontinentalflächen, der Geschmack der Seewinde und die Geografie der Meere. Das Tier wusste nicht, dass sein

Gehirn groß genug war, um so viele Wunder zu ent-
halten, aber schon schlägt es mit den Flügeln, verachtet das Korn, verachtet die Würmer und will eine
Wildente werden.

Aber ich sah vor allem meine Gazellen vor mir: In Juby züchtete ich Gazellen. Wir alle züchteten dort Gazellen. Wir sperrten sie in ein Gehege im Freien, denn
Gazellen brauchen das fließende Wasser des Windes,
und nichts ist so empfindlich wie sie. Aber wenn man
sie jung einfängt, überleben sie und fressen einem aus
der Hand. Sie lassen sich streicheln und legen einem
ihr feuchtes Maul in die Handfläche. Man hält sie für
gezähmt. Man hält sie für geschützt vor dem unbekannten Kummer, der die Gazellen lautlos erstickt und
ihnen den sanftesten Tod bereitet ... Doch eines Tages
findet man sie, wie sie mit ihren kleinen Hörnern gegen das Gitter drücken, in Richtung der Wüste. Sie
werden von ihr angezogen. Sie wissen nicht, dass sie
vor einem fliehen. Sie trinken die Milch, die man ihnen
bringt. Sie lassen sich noch streicheln, sie legen einem
ihr Maul noch zärtlicher in die Handfläche ... Aber
kaum verlässt man sie, stellt man fest, dass sie, nach einem scheinbar glücklichen Galopp, wieder an das Gehege gezogen werden. Und wenn man nicht mehr ein-
greift, bleiben sie dort, versuchen nicht einmal, gegen
die Barriere anzukämpfen, sondern drücken einfach,

den Nacken gesenkt, mit ihren kleinen Hörnern dagegen, bis sie sterben. Ist es die Paarungszeit oder einfach das Bedürfnis nach einem langen, atemlosen Galopp? Sie wissen es nicht. Ihre Augen waren noch nicht offen, als sie gefangen wurden. Sie wissen nichts von der Freiheit des Sandes oder dem Duft des Männchens. Man ist natürlich viel intelligenter als sie. Man weiß, was sie suchen; in der Weite werden sie Erfüllung finden. Sie wollen Gazellen werden und ihren Tanz tanzen. Sie wollen die geradlinige Flucht mit hundertdreißig Stundenkilometern kennenlernen, von plötzlichen Sprüngen unterbrochen, als würden hier und da Flammen aus dem Sand emporschießen. Was bedeuten schon die Schakale, wenn es die Wahrheit der Gazellen ist, die Angst zu kosten, die allein sie zwingt, sich zu übertreffen, und ihnen die höchsten Kunstflüge entlockt! Was bedeutet schon der Löwe, wenn es die Wahrheit der Gazellen ist, mit einem Krallenhieb in der Sonne aufgeschlitzt zu werden! Man betrachtet sie und überlegt: Sie sind von Sehnsucht ergriffen. Ihre Sehnsucht ist das Verlangen nach etwas Unbestimmtem … Der Gegenstand des Verlangens existiert, aber es gibt keine Worte, um ihn zu beschreiben.

Und was fehlt uns? *Die Erde des Menschen, S. 202–204*

*

So war ich ein anderes Mal in einer stark sandigen Region notgelandet und wartete auf den Tagesanbruch. Die goldenen Hügel wendeten dem Mond ihre leuchtende Seite zu, und schattige Seiten reichten bis an die Grenzlinien des Lichts. Auf dieser verlassenen Baustelle von Schatten und Mondschein herrschten der Frieden unterbrochener Arbeit und die Stille einer Falle, in deren Mitte ich einschlief.

Als ich aufwachte, sah ich nichts als das Becken des nächtlichen Himmels, denn ich lag mit verschränkten Armen auf einem Hügelkamm, gegenüber dem Sternenteich. Da ich diese Tiefen noch nicht begriffen hatte, wurde mir schwindelig, denn ich hatte keine Wurzel, an der ich mich festhalten konnte, kein Dach, keinen Ast eines Baums zwischen den Tiefen und mir; ich war schon losgelöst, dem Sturz ausgeliefert wie ein Taucher.

Aber ich fiel nicht. Ich stellte fest, dass ich vom Nacken bis zu den Fersen an die Erde gebunden war. Es beruhigte mich in gewisser Weise, ihr mein Gewicht zu überlassen. Die Schwerkraft erschien mir mächtig wie die Liebe.

Ich spürte, wie die Erde meinen Rücken festhielt, mich stützte, mich emporhob, mich in den nächtlichen Weltraum trug. Ich stellte fest, dass ich von einer Kraft ähnlich jener Kraft der Kurven, die einen an den Wagen drücken, an das Gestirn gedrückt wurde, ich lernte diese bewundernswerte Unterstützung kennen, diese Festigkeit, diese Sicherheit, und ich erahnte unter meinem Körper das gebogene Deck meines Schiffes.

Die Erde des Menschen, S. 74–75

*

»Und ihr sagt mir: ›Wir erfüllen die Bedürfnisse der Menschen. Wir beherbergen sie.‹ Ja, wie man die Bedürfnisse von Vieh erfüllt, das man auf seiner Streu im Stall unterbringt. Gewiss, der Mensch braucht Mauern, um sich zurückzuziehen und wie Saatgut zu werden. Aber er braucht auch die riesige Milchstraße und die Weite des Meeres, selbst wenn ihm im Augenblick weder die Sterne noch der Ozean irgendetwas nützen. Aber was heißt schon nützen? Manche erklimmen lange und mühsam einen Berg, schürfen sich dabei Knie und Hände auf, verausgaben sich beim Aufstieg, um vor Tagesanbruch den Gipfel zu erreichen und sich an der Tiefe der noch blauen Ebene zu laben, wie man das Wasser eines Sees sucht, um davon zu trinken. Und sie setzen sich und sehen sich um und atmen tief durch. Und ihr Herz schlägt vor Freude schneller, und sie finden darin ein Mittel gegen ihren Überdruss. Manche suchen das Meer mit den langsamen Schritten ihrer

Karawane und brauchen das Meer. Und wenn sie dann an der Küste ankommen und vor dieser stillen und weiten Wasserfläche stehen, die ihre Algen und Korallen vor den Blicken verbirgt, atmen sie das scharfe Salz ein und bestaunen ein Schauspiel, das ihnen im Augenblick nichts nützt, denn man kann das Meer nicht greifen. Aber im Herzen werden sie von der Abhängigkeit von kleinen Dingen reingewaschen. [...] Also nehmen sie einen Vorrat an Weite und die Seligkeit, die sie dort gefunden haben, mit nach Hause. Und das Haus verändert sich, weil es irgendwo die Ebene in der Dämmerung und das Meer gibt. Denn alles öffnet sich für etwas Größeres als man selbst. Alles wird Weg, Straße und Fenster zu etwas anderem als einem selbst. [...]« *Die Stadt in der Wüste, S. 96–97*

*

Ich will einen abgebrochenen Ast aufheben: Er ist aus Marmor! Ich richte mich wieder auf und sehe mich um; da ist noch mehr schwarzer Marmor. Ein vorsintflutlicher Wald bedeckt den Boden mit seinen zerbrochenen Stämmen. Er ist vor hunderttausend Jahren bei einem Orkan der Schöpfungsgeschichte eingestürzt wie eine Kathedrale. Und die Jahrhunderte haben diese wie Eisen polierten, versteinerten, versiegelten, tintenschwarzen Stücke riesiger Säulen bis zu mir gerollt. Ich erkenne noch die Astknoten, ich sehe die Verrenkungen des Lebens, ich zähle die Ringe des Stamms. Dieser Wald, der voller Vögel und Musik war, wurde von einem Fluch getroffen und in Salz verwandelt. Und ich spüre, dass mir diese Landschaft feindlich gesinnt ist. Diese ernsten Überreste sind schwärzer als die eiserne Rüstung der Hügel und stoßen mich ab. Was habe ich hier zu suchen, ich, ein Lebender, zwischen diesem unempfindlichen Marmor? Ich, ein Sterblicher, ich, dessen Körper sich auflösen wird, was habe ich hier in der Ewigkeit zu suchen?

Die Erde des Menschen, S. 163

*

Die Horizonte, auf die wir zustürmten, sind einer nach dem anderen erloschen wie diese Insekten, die ihre Farben verlieren, sobald sie in der Falle warmer Hände gefangen sind. Aber wer sie jagte, unterlag keiner Illusion. Wir täuschten uns nicht, als wir jene Entdeckungen machten. Ebenso wenig wie der Sultan aus Tausendundeine Nacht, der etwas so Feines suchte, dass seine schönen Gefangenen eine nach der anderen bei Tagesanbruch in seinen Armen erloschen, weil sie, kaum berührt, das Gold ihrer Flügel verloren hatten.

Wir haben uns an der Magie des Sandes gelabt, andere werden dort vielleicht ihre Ölbrunnen graben und sich durch ihre Waren bereichern. Aber sie werden zu spät kommen. Denn die verbotenen Palmenhaine und der unberührte Puder der Muscheln haben uns ihr Kostbarstes gegeben: Sie boten nur eine Stunde der Begeisterung, und wir sind diejenigen, die sie erlebten.

Die Erde des Menschen, S. 131

*

Rivière denkt an die Schätze, die in den Tiefen der Nacht verborgen liegen wie in sagenumwobenen Meeren … Nächtliche Apfelbäume warten mit all ihren Blüten auf den Tag, mit Blüten, die noch zu nichts dienen. Die Nacht ist reich, voller Düfte, schlafender Lämmer und noch farbloser Blüten.

Nachtflug, S. 157

*

Ich habe die Wüste immer geliebt. Man setzt sich auf eine Sanddüne. Man sieht nichts. Man hört nichts. Und dennoch strahlt etwas in der Stille …

Der kleine Prinz, S. 76

*

So näherte sich Mermoz, als er zum ersten Mal mit dem Wasserflugzeug den Südatlantik überquerte, gegen Einbruch der Dunkelheit dem Kalmengürtel. Er sah, wie sich vor ihm von Minute zu Minute mehr Tornados bildeten und wie eine Mauer vor ihm aufbauten, und dann, wie sich die Nacht über diese Vorbereitungen senkte und sie verbarg. Und als er eine Stunde später unter die Wolken tauchte, kam er in ein fantastisches Reich.

Immer mehr Wasserhosen ragten dort auf, scheinbar unbeweglich wie die schwarzen Säulen eines Tempels. Sie trugen, an ihren Enden erweitert, das dunkle, niedrige Dach des Sturms, aber durch Löcher darin fielen Lichtstrahlen herein, und der Vollmond schien zwischen den Säulen auf die kalten Bodenplatten des Meeres. Und Mermoz folgte seiner Route durch diese unbewohnten Ruinen, flog von einem beleuchteten Wegstück zum nächsten, um die riesigen Säulen herum, in denen wahrscheinlich das aufgewirbelte Meer grollte, bewegte sich vier Stunden lang in den Mondlichtstreifen zum Ausgang des Tempels. Und das Schauspiel war so überwältigend, dass Mermoz, nachdem der Kalmengürtel hinter ihm lag, feststellte, dass er keine Angst gehabt hatte.

Die Erde des Menschen, S. 26–27

Am Rand der Sahara, zwischen Kap Juby und Cisneros, fliegt man hier und da über Plateaus in Form von Kegelstümpfen, deren Breite von ein paar hundert Schritten bis um die dreißig Kilometer variiert. Ihre auffällig einheitliche Höhe beträgt dreihundert Meter. Aber außer dieser gleichen Höhe weisen sie auch die gleiche Farbe, die gleiche Bodenbeschaffenheit, die gleiche Felsstruktur auf. Wie die Säulen eines Tempels, die als letzte aus dem Sand emporragen, noch die Überreste des eingestürzten Daches zeigen, so zeugen diese einzelnen Pfeiler von einem weitläufigen Plateau, das sie einst vereinte.

[...]

Als Reine und Serre, zwei Kameraden, in Gefangenschaft der Aufständischen gerieten, musste ich einmal auf einem dieser Plateaus landen, um einen maurischen Boten abzusetzen, und bevor ich ihn verließ, suchte ich mit ihm einen Weg, auf dem er hinuntersteigen konnte. Aber unsere Terrasse endete in allen Richtungen mit einer Felswand, die in Falten wie ein Stoffbehang senkrecht in den Abgrund fiel. Ein Entkommen war unmöglich.

Und dennoch, bevor wir weiterflogen, um einen anderen Landeplatz zu suchen, verweilte ich hier. Ich empfand eine vielleicht kindische Freude dabei, meine Fußspuren auf einem Gebiet zu hinterlassen, das noch

nie ein Lebewesen, weder Mensch noch Tier, be-
schmutzt hatte. Kein Maure hätte diese Festung erstür-
men können. Kein Europäer hatte je dieses Gebiet er-
forscht. Ich schritt durch absolut unberührten Sand.
Ich war der Erste, der diesen Muschelstaub wie Gold
ehrfürchtig aus der einen in die andere Hand rieseln
ließ. Der Erste, der diese Stille durchbrach. Auf diesem
Plateau, das wie Polarpackeis in aller Ewigkeit keinen
einzigen Grashalm hervorgebracht hatte, war ich, wie
ein herbeigewehtes Samenkorn, der erste Beweis für
Leben.

Ein Stern leuchtete schon, und ich betrachtete ihn. Ich
dachte darüber nach, dass diese weiße Oberfläche seit
hunderttausenden Jahren allein den Gestirnen darge-
boten war. Eine unbefleckte Decke unter dem reinen
Himmel. Und mein Herz machte einen Satz wie auf der
Schwelle einer großen Entdeckung, als ich auf dieser
Decke, fünfzehn oder zwanzig Meter von mir entfernt,
einen schwarzen Kieselstein erblickte.

Ich befand mich auf einer dreihundert Meter dicken
Schicht von Muschelschalen. Diese riesige Masse in ihrer Gesamtheit widersetzte sich, wie ein unwiderlegba-
res Argument, dem Vorhandensein jeglichen Steins.
Feuersteine mochten zwar in den unterirdischen Tiefen ruhen, hervorgegangen aus den langsamen Ver-
dauungsprozessen des Globus, aber durch welches

Wunder wäre einer von ihnen bis zu dieser makellosen Oberfläche aufgestiegen? Mit klopfendem Herzen hob ich also mein Fundstück auf: einen harten, schwarzen Kiesel, faustgroß, schwer wie Metall und erstarrt in Form einer Träne.

Auf eine Decke unter einem Apfelbaum können nur Äpfel fallen, auf eine Decke unter den Sternen kann nur Sternenstaub fallen; nie zuvor hatte ein Meteorit so eindeutig seine Herkunft bewiesen.

Und während ich den Kopf hob, dachte ich ganz selbstverständlich, dass aus diesem himmlischen Apfelbaum noch mehr Früchte gefallen sein mussten. Ich würde sie genau an ihrem Absturzort finden, denn seit hunderttausenden von Jahren hatte nichts sie stören können. Sie würden sich nicht mit anderen Materialien verbunden haben. Und sogleich ging ich auf Entdeckungstour, um meine Hypothese zu überprüfen.

Sie bestätigte sich. Ich sammelte meine Funde in Abständen von etwa einem Stein pro Hektar. Immer sahen sie aus wie erstarrte Lava. Immer waren sie hart wie schwarzer Diamant. Und so erlebte ich oben auf meinem Sternenniederschlagsmesser eine packende Kurzfassung dieses langsamen Feuerregens.

Die Erde des Menschen, S. 70–73

*

Er überflog die stillen Anden. Der Schnee des Winters lastete mit seinem ganzen Frieden auf ihnen. Der Schnee des Winters hatte in dieser Masse für Frieden gesorgt wie Jahrhunderte in toten Schlössern. Auf zweihundert Kilometern Breite kein Mensch mehr, kein Hauch von Leben, keine Anstrengung. Nur Kämme, denen man auf sechstausend Metern Höhe knapp ausweicht, nur Steinmäntel, die senkrecht fallen, nur eine gewaltige Ruhe. *Nachtflug, S. 119*

*

Das Flugzeug ist zweifellos eine Maschine, doch was für ein Forschungsinstrument! Dieses Instrument hat uns das wahre Gesicht der Erde entdecken lassen. Denn die Straßen haben uns jahrhundertelang getäuscht. Es ging uns wie jener Herrscherin, die ihre Untertanen besuchen und erfahren wollte, ob sie sich über ihre Herrschaft freuten. Um ihr einen falschen Eindruck zu vermitteln, stellten ihre Höflinge auf ihrem Weg ein paar hübsche Kulissen auf und bezahlten Statisten, die davor tanzten. Außer dem kurzen Parcours sah sie nichts von ihrem Reich und ahnte nicht, dass sie auf dem Land von den Verhungernden verwünscht wurde.

So wanderten wir auf gewundenen Pfaden. Sie vermeiden unfruchtbares Land, Felsen, Sand, sie befriedigen die Bedürfnisse des Menschen und führen von Brunnen zu Brunnen. Sie bringen die Landbewohner von ihren Scheunen zu den Weizenfeldern, empfangen das noch verschlafene Vieh an der Schwelle der Ställe und leiten es im Morgengrauen auf die Weiden. Sie verbinden dieses Dorf mit jenem, denn es wird vom einen ins andere geheiratet. Und selbst wenn ein Weg es riskiert, eine Wüste zu durchqueren, macht er dabei gewiss zwanzig Umwege, um sich der Oasen zu erfreuen.

Auf diese Weise durch Wegbiegungen wie durch Lügenmärchen getäuscht, weil wir auf unseren Reisen an so vielen gut bewässerten Grundstücken, so vielen Obstgärten, so vielen Wiesen vorbeigekommen sind, haben wir lange das Bild unseres Gefängnisses beschönigt. Wir haben diesen Planeten für regenreich und lieblich gehalten.

Doch unser Blick ist schärfer geworden, und wir haben bittere Fortschritte gemacht. Durch das Flugzeug haben wir die gerade Linie kennengelernt. Kaum sind wir abgehoben, ließen wir die Pfade zurück, die sich zu den Tränken und Ställen winden oder sich von Stadt zu Stadt schlängeln. Befreit von liebgewonnenen Zwängen, erlöst von der Abhängigkeit von Brunnen, nehmen wir nun Kurs auf unsere fernen Ziele. Jetzt erst, aus der Höhe unserer akkuraten Flugbahnen, entdecken wir das wahre Grundgebirge, das Fundament von

Felsen, Sand und Salz, auf dem das Leben vereinzelt, wie etwas Moos zwischen Ruinen, hier und dort zu blühen wagt.

Schon haben wir uns in Physiker und Biologen verwandelt, wir erforschen diese Zivilisationen, die Talsohlen schmücken und sich manchmal, wo das Klima ihnen günstig ist, auf wundersame Weise ausbreiten wie Parks. Schon beurteilen wir den Menschen im kosmischen Maßstab, beobachten ihn durch unsere Flugzeugfenster wie durch Studieninstrumente. Schon lesen wir unsere Geschichte neu.

Die Erde des Menschen, S. 64–66

*

In der Wüste spürt man, wie die Zeit verstreicht. Unter der brennenden Sonne marschiert man auf den Abend zu, auf den kühlen Wind, der die Glieder baden und allen Schweiß abwaschen wird. Unter der brennenden Sonne bewegen sich Tiere und Menschen, so sicher wie auf den Tod, auf diese große Tränke zu. So ist der Müßiggang nie sinnlos. Und jeder Tag erscheint schön wie die Wege, die zum Meer führen.

Die Erde des Menschen, S. 115

*

Für den Piloten war diese Nacht uferlos, denn sie führte weder zu einem Hafen (sie schienen alle unzugänglich) noch zum Morgen: In einer Stunde vierzig würde der Treibstoff ausgehen. Früher oder später wären sie gezwungen, blind in diese Wolkenmasse hinabzusinken. Hätte er doch den Tag erreichen können …

Fabien dachte an den Morgen wie an einen goldenen Sandstrand, auf den sie nach dieser schweren Nacht hätten auflaufen können. Unter dem bedrohten Flugzeug wäre das Ufer der Ebenen entstanden. Die ruhige Erde hätte ihre schlafenden Farmen und Herden und Hügel getragen. Alles Strandgut, das durch die Dunkelheit trieb, wäre harmlos geworden. Wenn er nur könnte, wie würde er dem Tag entgegenschwimmen!

Nachtflug, S. 145

*

Er stieg langsam kreisend in den Brunnenschacht auf, der sich aufgetan hatte und sich unter ihm wieder schloss. Und je höher er flog, desto mehr verloren die Wolken ihre schlammige Finsternis und immer reinere und weißere Wellen strömten auf ihn zu. Fabien tauchte auf.

Er konnte es kaum glauben: Das Licht war so hell, dass es ihn blendete. Für ein paar Sekunden musste er die Augen schließen. Er hätte niemals gedacht, dass die Wolken nachts blenden konnten. Doch der Vollmond und alle Sternbilder verwandelten sie in strahlende Wellen.

Das Flugzeug hatte auf einmal, in derselben Sekunde, in der es aufgetaucht war, eine außergewöhnliche Ruhe gefunden. Kein Lüftchen bewegte es. Wie ein Boot, das den Hafendamm passiert, trat es in geschütztes Gewässer ein. Es war in einem so unbekannten und versteckten Teil des Himmels gefangen wie in einer Bucht der Inseln der Seligen. Der Sturm unter ihm bildete über dreitausend Meter eine andere Welt voller Windböen, Strudel, Blitze, doch den Gestirnen wandte sie ein kristallklares, schneeweißes Gesicht zu.   *Nachtflug, S. 155*

*

Unter dem Brennen des Tages auf die Nacht zuwandern, und unter dem Eis der nackten Sterne das Brennen des Tages herbeisehnen. Glücklich sind die Länder des Nordens, für die die Jahreszeiten im Sommer die Legende des Schnees erschaffen und im Winter die Legende der Sonne, traurig die Tropen, wo sich an der Hitze nicht viel ändert, aber glücklich auch die Sahara, wo der Tag und die Nacht die Menschen so einfach von einer Hoffnung zur anderen wiegen.

Die Erde des Menschen, S. 116

»Klarer Himmel, Vollmond, Windstille.« Die brasiliani-
schen Berge, gut erkennbar vor dem strahlenden Himmel, ließen ihre Haarpracht aus schwarzen Wäldern in
die silbernen Wogen des Meeres fallen. Diese Wälder, auf
die sich unermüdlich, ohne sie zu färben, die Mondstrah-
len ergießen. Und schwarz auch, wie Strandgut, die Inseln
im Meer. Und dieser Mond auf der gesamten Strecke, un-
erschöpflich: ein Brunnen des Lichts.   *Nachtflug, S. 146*

*

Von Etappe zu Etappe, aus Paraguay kommend wie aus
einem lieblichen Garten voller Blumen, niedriger Häuser und gemächlicher Flüsse, glitt das Flugzeug am
Rand eines Zyklons vorbei, der ihm nicht einen einzigen Stern verdeckte. Neun Passagiere, in ihre Reise-
decken gehüllt, drückten die Stirn ans Fenster wie an
eine Vitrine voller Schmuck, denn die kleinen Städte
Argentiniens präsentierten bereits all ihr Gold in der
Nacht, unter dem blasseren Gold der Sternenstädte.
Vorn hielt der Pilot seine kostbare Ladung Menschenleben in den Händen, die Augen weit offen und voller
Mondschein wie ein Hirt. Schon füllte Buenos Aires
den Horizont mit seinem rosa Feuer und würde bald
gleich einem Märchenschatz mit all seinen Steinen
funkeln. Der Funker tippte die letzten Telegramme wie

die Schlusstöne einer Sonate, die er freudig in den Himmel schickte [...].   *Nachtflug, S. 165*

∗

Hier ist der Himmel klar. Wie vom Wetterdienst vorhergesagt. »Himmel zu einem Viertel mit Federwolken bedeckt.« [...] Ein Himmel wie für ein Volksfest, oh ja! [...] Man sollte sagen: »In Málaga ist ein Feiertag!« Jeder Einwohner besitzt zehntausend Meter klaren Himmel über sich. Einen Himmel bis zu den Federwolken.

Südkurier, S. 47

∗

Gleich hinter der Grenze Perpignan mit seiner Ebene. Dieser Ebene, auf der die Sonne noch verweilte, in schrägen, langgezogenen Streifen, mit jeder Minute abgenutzter, die goldenen Kleider hier und da auf dem Gras, mit jeder Minute zarter, durchscheinender, jedoch nicht erlöschend, sondern verdunstend. Dann dieses Grün, dunkel und weich unter der blauen Luft. Der ruhige Hintergrund. Mit gedrosseltem Motor vor dem Hintergrund des Meeres abtauchen, wo alles ruht, wo alles die Selbstverständlichkeit und Beständigkeit einer Mauer annimmt.   *Südkurier, S. 50*

ÜBER DEN MENSCHEN

Allein der Geist, wenn er über den Lehm weht, kann den Menschen erschaffen. *Die Erde des Menschen, S. 222*

*

Du suchst einen Sinn im Leben, dabei besteht der Sinn zunächst darin, du selbst zu werden und nicht durch das Vergessen von Streitigkeiten einen armseligen Frieden zu erreichen. Wenn etwas gegen dich ist und dich schmerzt, lass es wachsen, denn das bedeutet, dass du Wurzeln schlägst und dich veränderst. Dein Schmerz ist ein Glück, durch das du dich selbst gebärst, denn keine Wahrheit erkennt und erreicht man als Selbstverständlichkeit. Und die Wahrheiten, die man dir anbietet, sind nur bequeme Lösungen, wie Schlafmittel. *Die Stadt in der Wüste, S. 176*

*

Die Erde lehrt uns mehr über uns als alle Bücher. Weil sie uns Widerstand leistet. Der Mensch lernt sich kennen, wenn er vor einem Hindernis steht.

Die Erde des Menschen, S. 9

*

Nur eine unzureichende Sprache bringt die Menschen gegeneinander auf, denn was sie sich wünschen, unterscheidet sich nicht. Ich habe noch nie jemanden getroffen, der sich Unruhe oder Bösartigkeit oder Zerstörung gewünscht hätte. Was sie antreibt und was sie erschaffen möchten, ist vom einen Ende der Welt bis zum anderen dasselbe, nur die Wege, auf denen sie ihr Ziel erreichen wollen, sind verschieden.

Die Stadt in der Wüste, S. 90

*

Wenn [die Wüste] zunächst nur leer und still erscheint, dann weil sie sich keinem flatterhaften Liebhaber hingibt. Bei uns zu Hause verweigert sich schon ein einfaches Dorf. Wenn wir dafür nicht auf den Rest der Welt verzichten, wenn wir in seine Traditionen nicht eintauchen, in seine Bräuche, in seine Rivalitäten, erfahren wir nichts von der Heimat, die es für manche bedeutet. Noch fremder ist uns der Mann bei uns nebenan, der sich in sein Kloster eingemauert hat und nach Regeln lebt, die wir nicht kennen – er erreicht tatsächlich tibetische Einsamkeiten, eine Entfernung, in die kein Flugzeug uns jemals bringen wird. Besichtigen wir seine Zelle! Sie ist leer. Das Reich des Menschen liegt in seinem Inneren. *Die Erde des Menschen, S. 91*

Man muss arbeiten, Rinette. Ihnen gelingt es, das Besondere einer Sache herauszuarbeiten, das, was ihr ein Eigenleben verleiht. [...]

[...] Man muss nicht schreiben lernen, sondern sehen lernen. Das Schreiben ergibt sich daraus. [...] Man muss sich fragen: »Wie kann ich genau diesen Eindruck wiedergeben?« Und die Dinge entstehen aus der Reaktion, die sie in Ihnen auslösen, die Beschreibung wird tiefgründig. Nur ist das kein Spiel mehr.

[...] Gehen Sie immer von einem Eindruck aus. Das kann unmöglich banal sein. In Ihrer Erzählung wird es eine innere Verbindung geben. Sie wird nicht aus aufgesetzten Einzelteilen bestehen. Sehen Sie sich einmal an, wie auch die unzusammenhängendsten Monologe bei Dostojewski einen Eindruck von Notwendigkeit, von Logik erzeugen, einen festen Platz haben. Sie sind im Inneren verbunden. Und wie die Figuren so vieler anderer mit scheinbar wohl durchdachter Psychologie in ihren Worten, ihren Handlungen willkürlich bleiben, trotz einer äußeren Logik. [...] Man erschafft keinen lebendigen Charakter, indem man ihm positive und negative Eigenschaften zuschreibt und dann den Roman daraus ableitet, sondern indem man Gefühlseindrücke wiedergibt. Auch eine einfache Empfindung wie die Freude ist zu komplex, um erfunden zu werden, wenn Sie sich nicht damit zufriedengeben wollen, von

Ihrem Helden zu sagen »er freute sich«, was absolut nichts Persönliches ausdrückt. Eine Freude gleicht keiner anderen. Und genau diesen Unterschied, das Eigenleben dieser Freude, muss man ausdrücken. Aber dabei darf man nicht schulmeisterlich sein, die Freude nicht erklären. Man muss sie durch ihre Folgen ausdrücken, die Reaktionen der Person. Dann müssen Sie nicht einmal mehr sagen »er freute sich«, sondern die Freude wird aus sich selbst heraus entstehen, auf ihre individuelle Weise, wie die Freude, die Sie empfinden und die sich mit keinem Wort genau beschreiben lässt. Wenn Sie der Meinung sind, dass das Wort Freude ausreicht, um die Freude Ihres Helden auszudrücken, dann ist er unecht, dann haben Sie nichts zu sagen.

Briefe an Rinette, S. 786–787

*

Höre nie auf jene, die dir helfen wollen, indem sie dir raten, einen deiner Wünsche aufzugeben. Du erkennst deine Berufung daran, wie viel sie in dir wiegt. Und wenn du sie missachtest, entstellst du dich selbst, doch wisse, dass sich deine Wahrheit langsam herausbilden wird, denn sie wächst wie ein Baum und lässt sich nicht anwenden wie eine Formel. Zuallererst spielt die Zeit eine Rolle, denn du musst ein anderer werden und einen schwierigen Berg erklimmen. Das neue Wesen, das im Durcheinander der Dinge eine klare Einheit bildet, drängt sich dir nicht auf wie die Lösung eines Rätsels, sondern beschwichtigt Streitigkeiten und heilt Wunden. Und seine Macht wirst du erst erkennen, wenn es entwickelt ist. Deshalb habe ich dem Menschen zuliebe immer vor allem, wie längst vergessene Gottheiten, Stille und Langsamkeit verehrt.

Die Stadt in der Wüste, S. 195–196

*

Und da ist sie, die südlichste Stadt der Welt, vom Zufall mit etwas Erde bedacht, zwischen der ursprünglichen Lava und dem Eis des Südpols. So dicht an den schwarzen Lavaströmen, wie gut spürt man da das Wunder des Menschen! Was für eine seltsame Begegnung! Man weiß nicht, wie, man weiß nicht, warum der Mensch in diesen hergerichteten, für so kurze Zeit bewohnbaren Gärten lebt, für ein Erdzeitalter, einen gesegneten Tag.

Die Erde des Menschen, S. 67

*

»Wer andere erniedrigt«, sagte mein Vater, »ist selbst niedrig.«   *Die Stadt in der Wüste, S. 57*

Lebt wohl, meine Lieben. Es ist nicht meine Schuld, dass der menschliche Körper keine drei Tage ohne Trinken aushält. Ich hätte nicht gedacht, dass ich so sehr ein Gefangener der Quellen bin. Eine so kurze Unabhängigkeit hätte ich nicht vermutet. Man glaubt, dass der Mensch einfach losmarschieren kann. Man glaubt, dass der Mensch frei ist … Man sieht das Seil nicht, das ihn an den Brunnen bindet, das ihn wie eine Nabelschnur an den Bauch der Erde bindet. Wenn er einen Schritt zu weit geht, stirbt er.

Außer eurem Leiden bedaure ich nichts. Alles in allem ging es mir bestens. Wenn ich zurückkehren könnte, würde ich wieder von vorne anfangen. Ich muss leben. In den Städten gibt es kein menschliches Leben mehr. Hier geht es nicht um die Luftfahrt. Das Flugzeug ist kein Zweck, sondern ein Mittel. Man riskiert sein Leben nicht für das Flugzeug. Der Bauer arbeitet auch nicht für seinen Pflug. Aber durch das Flugzeug verlässt man die Städte und ihre Buchhalter und findet eine bäuerliche Wahrheit wieder.

Man macht die Arbeit eines Menschen und lernt die Sorgen eines Menschen kennen. Man ist in Kontakt mit dem Wind, den Sternen, der Nacht, dem Sand, dem Meer. Man überlistet die Kräfte der Natur. Man erwartet die Morgendämmerung, wie der Gärtner den Frühling erwartet. Man erwartet den Zwischenlandeplatz wie ein gelobtes Land, und man sucht seine Wahrheit in den Sternen.

Ich werde mich nicht beklagen. Drei Tage lang bin ich marschiert, ich hatte Durst, ich bin Spuren im Sand gefolgt, ich habe den Tau zu meiner Hoffnung gemacht. Ich habe versucht, die Menschen zu erreichen, aber ich wusste nicht mehr, wo auf der Erde sie wohnten. Und das sind Sorgen eines Lebenden. Ich kann sie nicht nicht wichtiger finden als die Wahl eines Varietétheaters für den Abend. *Die Erde des Menschen, S. 180–182*

*

Du hast mir sicher tausend Dinge zu erzählen und zuallererst deine Meinung über die Stadt – dieses Meisterwerk der Kunst und des Lebens, das auf der Place de l'Opéra pulsiert und an den Ufern stirbt, zwischen den toten Blättern und den alten, überholten Romanen unserer Großmütter, die die Bouquinisten hartnäckig weiter verkaufen.

Paris … Du musst stundenlang ganz allein bei Notre-Dame spazieren gehen. Du musst mit großen Schritten durch den Nebel waten, wenn die Bäume einer nach dem anderen sichtbar werden. Du musst ins Theater gehen. Du musst im Bois de Boulogne Boot fahren. Du musst am Nachmittag bei Rumpelmayer und zu Mittag bei Poccardi essen. Du musst … denn ich muss seit sechs Monaten auf all das verzichten. Erzähle mir davon!

[…]

Casablanca widert mich abgrundtief an.

Zum Glück gibt es die arabische Stadt. Von einer hohen Mauer umgeben verteidigt sie ihre kleinen hellen Buden und bunten Auslagen, ihre Kuchenverkäufer, die große Kupfertabletts durch die Straßen tragen und einem leuchtend rote Baisers oder blaues Nougat anbieten. Und vor allem (das gefällt mir am besten) die Schnabelschuhverkäufer mit silbernen Schnabelschuhen, goldenen Schnabelschuhen, die nicht mal Aschenputtel passen würden – und die warten …

Briefe an Freunde, S. 847–848

*

»Zwing sie, gemeinsam einen Turm zu bauen, und du verwandelst sie in Brüder. Wenn du jedoch willst, dass sie einander hassen, wirf ihnen Getreide hin. […] Denn eine Kultur beruht auf dem, was sie von den Menschen fordert, und nicht auf dem, womit sie sie versorgt. Und gewiss holen sie sich etwas von dem Weizen und ernähren sich davon. Aber nicht dort liegt für die Menschen das Wichtige. Was sie im Herzen

nährt, ist nicht das, was sie vom Weizen erhalten, sondern das, was sie ihm geben. [...]«

Die Stadt in der Wüste, S. 58

*

Um den Menschen und seine Bedürfnisse zu verstehen, um das kennenzulernen, was für ihn das Wesentliche ist, darf man seine offensichtlichen Wahrheiten
nicht einander gegenüberstellen. Ja, Sie haben recht.
Sie haben alle recht. Mit Logik lässt sich alles beweisen.
Auch wer das Unglück der Welt auf die Buckligen
schiebt, hat recht. Wenn wir den Buckligen den Krieg
erklären, werden wir schnell lernen, uns zu begeistern.
Wir werden die Verbrechen der Buckligen rächen. Und
die Buckligen begehen sicher auch Verbrechen.
[...] Man kann die Menschen in Rechte und Linke un-
terteilen, in Bucklige und Nicht-Bucklige, in Faschisten
und Demokraten, und an diesen Unterscheidungen
lässt sich nicht rütteln. Aber die Wahrheit ist, wie Sie
wissen, das, was die Welt vereinfacht, und nicht das, was
Chaos schafft. Die Wahrheit ist die Sprache, die das Universelle enthüllt. [...] Die Wahrheit ist nicht das, was
man beweisen kann, sondern das, was vereinfacht.
Was bringt es schon, über Ideologien zu diskutieren?
Wenn man alle beweisen kann, widersprechen sich auch

alle, und solche Diskussionen lassen einen daran zweifeln, ob der Mensch zu retten ist. Während der Mensch
überall um uns herum die gleichen Bedürfnisse zeigt.
Wir wollen erlöst werden. Wer einen Spatenstich ausführt, möchte den Sinn seines Spatenstichs kennen.
Und der Spatenstich des Sträflings, der den Sträfling
demütigt, ist nicht derselbe wie der Spatenstich des
Schatzsuchers, der den Schatzsucher wachsen lässt.
Das Straflager ist nicht dort, wo Spatenstiche ausgeführt werden. Es gibt keinen materiellen Schrecken.
Das Straflager ist dort, wo Spatenstiche ausgeführt werden, die keinen Sinn haben, die den, der sie ausführt,
nicht mit der menschlichen Gemeinschaft verbinden.
Und wir wollen aus dem Straflager ausbrechen.

Die Erde des Menschen, S. 209–210

*

Doch du, libyscher Beduine, der du uns gerettet hast,
du solltest für immer aus meinem Gedächtnis verschwinden. Ich sollte mich nie an dein Gesicht erinnern. Du bist der Mensch und du erscheinst mir mit
dem Gesicht aller Menschen zugleich. Du hattest uns
noch nie gesehen, und doch hast du uns erkannt. Du
bist der geliebte Bruder. Und auch ich werde dich in allen Menschen erkennen.

Du erscheinst mir voller Würde und Wohlwollen, gro-
ßer Herr, der du die Macht hast, zu trinken zu geben.
Alle meine Freunde, alle meine Feinde kommen mir in
dir entgegen, und ich habe keinen einzigen Feind mehr
auf der Welt.   *Die Erde des Menschen, S. 190–191*

*

[W]ir müssen gegen keinen anderen Feind kämpfen als
gegen die Stille; was uns am besten schützt, ist unsere
Armut. Und Lucas, der Flugplatzchef, lässt Tag und
Nacht das Grammofon laufen, das, so weit vom Leben
entfernt, in einer halb vergessenen Sprache zu uns
spricht und eine vage Melancholie heraufbeschwört,
die dem Durst merkwürdig ähnlich ist.

Die Erde des Menschen, S. 97

*

Ich hege den Traum, für das Unternehmen zu den Aufständischen zu gehen. Ich denke, ich würde mich mit
den Typen verstehen und nicht angegriffen werden.
Außerdem lohnt sich das Risiko. Und nicht der Aner-
kennung wegen – die ist mir gleichgültig –, sondern für
mich selbst. Weil ich mir nicht vorstellen kann, dass
aus einem menschlichen Kontakt kein Verständnis

entsteht, weil das allein mich schon mein Leben lang begeistert und weil ich vielleicht bereit bin und große Lust auf diese Erfahrung habe. Ich glaube, es gibt eine gewisse Art, einander auf Augenhöhe zu begegnen. Und wenn wir die anderen Rassen nicht verstehen, dann liegt das daran, dass wir unser Vokabular und unsere Gefühlswelten mitbringen. Statt demütiger Aufmerksamkeit.   *Briefe an Freunde, S. 855*

*

Ich habe noch immer meinen ersten Nachtflug in Argentinien vor Augen, eine finstere Nacht, in der, wie Sterne, allein die vereinzelten, im Flachland verstreuten Lichter funkelten.

Jedes zeugte in dem Ozean der Dunkelheit vom Wunder eines Bewusstseins. In diesem Haus las man, man dachte nach, man vertraute einander etwas an. In jenem versuchte man vielleicht, den Weltraum zu vermessen, plagte sich mit Berechnungen des Andromedanebels. Dort liebte man. Hier und da leuchteten die Lichter in der Landschaft und verlangten nach Nahrung. Bis zu den bescheidensten, dem des Dichters, des Lehrers, des Zimmermanns. Aber zwischen diesen lebendigen Sternen, wie viele geschlossene Fenster gab es da, wie viele erloschene Sterne, wie viele schlafende Menschen …

Man muss einfach versuchen, sich zu verständigen. Man muss sich einfach bemühen, sich mit einigen dieser Lichter zu verbinden, die hier und da in der Landschaft brennen. *Die Erde des Menschen, S. 9–10*

*

»Die Menschen? […] Der Wind treibt sie mit sich fort. Sie haben keine Wurzeln, das bereitet ihnen große Schwierigkeiten.« *Der kleine Prinz, S. 60–61*

*

Wieder einmal bin ich auf eine Wahrheit gestoßen, die ich nicht verstanden habe. Ich glaubte mich verloren, ich glaubte, in tiefste Verzweiflung zu stürzen, und nachdem ich einmal den Verzicht akzeptiert hatte, fand ich Frieden. In jenen Stunden, so scheint es, lernt man sich selbst kennen und wird sein eigener Freund. Nichts lässt sich vergleichen mit dem Gefühl der Erfüllung, das in uns ein wesentliches, uns bisher unbekanntes Bedürfnis befriedigt. […]
Wie können wir in uns diese Art der Erlösung herbeiführen? Beim Menschen ist alles paradox, das wissen wir. Man sichert jemandem sein Brot, damit er etwas erschaffen kann, und er schläft ein; der siegreiche Er-

oberer wird träge; der Großzügige wird geizig, sobald man ihn bereichert. Was bedeuten schon politische Doktrinen, die behaupten, den Menschen zur Entfaltung zu verhelfen, solange wir nicht wissen, welcher Art Mensch sie zur Entfaltung verhelfen. Wer wird geboren werden? Wir sind keine Masttiere, und die Erscheinung eines armen Pascal wiegt schwerer als die Geburt irgendwelcher reicher Niemande.

Das Wesentliche können wir nicht voraussehen. Jeder von uns hat die innigsten Freuden erfahren, wo nichts darauf hindeutete. Sie haben eine solche Sehnsucht in uns hinterlassen, dass wir sogar unseren schwersten Stunden nachtrauern, wenn unsere Freuden diesen entsprungen sind. Wir alle haben beim Wiedersehen mit Kameraden den Zauber böser Erinnerungen kennengelernt.

Was wissen wir schon, außer, dass es unbekannte Bedingungen gibt, die uns fruchtbar machen? Wo wohnt die Wahrheit des Menschen?

Die Wahrheit ist gar nicht das, was sich beweisen lässt. Wenn die Orangenbäume in diesem Boden und keinem anderen feste Wurzeln entwickeln und Früchte tragen, dann ist jener Boden die Wahrheit der Orangenbäume. Wenn diese Religion, diese Kultur, dieses Wertesystem, diese Art der Tätigkeit und keine anderen im Menschen diese Fülle hervorbringen, ihn zu einem großen Herrn machen, auch ohne, dass er sich dessen bewusst ist, dann sind dieses Wertesystem, diese Kultur, diese Art der Tätigkeit die Wahrheit des Menschen. Die Logik? Soll sie doch schauen, wie sie das Leben erklären kann.

Die Erde des Menschen, S. 192–194

*

Sie stand auf, öffnete das Fenster, und der Wind wehte ihr ins Gesicht. Das Zimmer lag über Buenos Aires. Aus einem Nachbarhaus, in dem getanzt wurde, ertönten Melodien, die der Wind zu ihr trug, denn es war die Stunde des Vergnügens und der Erholung. Diese Stadt umschloss die Menschen in ihren hunderttausend Festungen; alles war ruhig und sicher [...]. *Nachtflug, S. 138*

*

Alle verspüren mehr oder weniger deutlich das Bedürfnis, geboren zu werden. Aber manche Lösungen täuschen. Gewiss kann man die Menschen begeistern, indem man ihnen Uniformen anzieht. Dann singen sie ihre Kriegshymnen und brechen mit Kameraden das Brot. Sie finden, was sie suchen: den Geschmack des Universellen. Aber an dem Brot, das ihnen geboten wird, werden sie sterben.

Man kann hölzerne Götzen ausgraben und die alten Mythen wieder aufleben lassen, die sich mehr schlecht als recht bewährt haben, man kann die Verherrlichungen des Pangermanismus oder des römischen Reichs wieder aufleben lassen. Man kann die Deutschen damit berauschen, dass sie Deutsche und Landsleute Beethovens sind. Man kann selbst den Kohlentrimmer damit betrunken machen. Das ist gewiss einfacher, als aus dem Kohlentrimmer einen Beethoven hervorzulocken.

Aber solche Götzen sind fleischfressende Götzen. Wer für den Fortschritt des Wissens oder die Heilung von Krankheiten stirbt, der dient dem Leben, indem er stirbt. Es mag schön sein, für die Erweiterung eines Gebiets zu sterben, aber der Krieg von heute zerstört, was er zu begünstigen behauptet. Heute handelt es sich nicht mehr darum, ein wenig Blut zu opfern, um die ganze Rasse zu stärken. Seit der Krieg mit Flugzeugen und Senfgas geführt wird, ist er nur noch ein Blutbad. Jeder versteckt sich hinter einer Betonmauer, jeder schickt, weil er sonst nichts machen kann, Nacht um Nacht Staffeln los, die den anderen im Innersten verletzen, seine Lebenszentren sprengen, seine Produktion und seinen Austausch lähmen. Der Sieg gehört dem, der als Letzter krepieren wird. Und die beiden Gegner krepieren zusammen.

Die Erde des Menschen, S. 212–213

»Wenn man seinen Mut preisen würde, würde Guillaumet mit den Schultern zucken. Aber man würde ihm
auch Unrecht tun, indem man seine Bescheidenheit
lobt. Er steht weit über dieser unbedeutenden Eigenschaft. Wenn er mit den Schultern zuckt, dann aus
Weisheit. Er weiß, dass die Menschen, wenn sie einmal
in einem Ereignis gefangen sind, keine Angst mehr davor haben. Nur das Unbekannte erschreckt die Menschen. Aber für diejenigen, die sich ihm stellen, ist es
schon nicht mehr unbekannt. Erst recht nicht, wenn
man es mit dieser scharfsichtigen Ernsthaftigkeit betrachtet. Guillaumets Mut ist vor allem ein Ergebnis
seiner Rechtschaffenheit.«

Doch das ist nicht seine beste Eigenschaft. Seine wahre
Größe liegt darin, sich verantwortlich zu fühlen. Verantwortlich für sich, für die Post und für die hoffnungs-
vollen Kameraden. Ihr Schmerz oder ihre Freude liegt
in seinen Händen. Verantwortlich für das, was dort bei
den Lebenden neu geschaffen wird und woran er teil-
nehmen muss. Verantwortlich auch ein wenig für das
Schicksal der Menschheit, im Rahmen seiner Arbeit.

Er gehört zu den großzügigen Lebewesen, die es akzeptieren, mit ihrem Blätterdach große Flächen zu bede-
cken. Ein Mensch zu sein, bedeutet genau das: verantwortlich sein. Sich für ein Unglück zu schämen, an dem
man unbeteiligt schien. Stolz zu sein auf einen Sieg, den

die Kameraden errungen haben. Zu spüren, dass man, indem man seinen Stein dazulegt, dazu beiträgt, die Welt aufzubauen. *Die Erde des Menschen, S. 56–57*

*

Mich interessiert nicht im Geringsten, ob sie ehrlich waren oder nicht, logisch oder nicht, die großen Worte des Politikers, der dich vielleicht besät hat. Wenn sie in dir gekeimt haben wie Saatgut, dann, weil sie deine Bedürfnisse erfüllten. Du allein bist der Richter. Die Erde erkennt den Weizen. *Die Erde des Menschen, S. 206*

*

Gewöhnlich merken die Menschen nicht, wie die Zeit vergeht. Sie leben in einem provisorischen Frieden. Doch hier, am Zwischenstopp angekommen, spürten wir es, wenn die Passatwinde uns bedrückten, immer in Bewegung. Wir waren wie der Reisende im Schnellzug, der, erfüllt vom Lärm der Radsätze, die durch die Nacht rattern, an den Lichtstrahlen hinter der Scheibe das Vorbeiziehen der Landschaft, ihrer Dörfer, ihrer verzauberten Ländereien erahnt, von denen er nichts haben kann, weil er ja auf der Durchreise ist. Auch wir, von einem leichten Fieber getrieben, die Ohren noch pfeifend vom Fluglärm, fühlten uns wie unterwegs, trotz der Ruhe des Zwischenstopps. Wir stellten fest, dass auch wir durch das Schlagen unserer Herzen vom Geist des Windes in eine unbekannte Zukunft fortgetragen wurden. *Die Erde des Menschen, S. 90*

*

»Wenn ich einem General befehlen würde, von einer Blume zur anderen zu fliegen wie ein Schmetterling oder eine Tragödie zu schreiben oder sich in einen Seevogel zu verwandeln, und der General den Befehl nicht ausführen würde, wer wäre dann im Unrecht, er oder ich?«

»Ihr wärt im Unrecht«, sagte der kleine Prinz mit Nachdruck.

»Richtig. Man muss von jedem das verlangen, was er geben kann«, fuhr der König fort. »Autorität beruht vor allem auf Vernunft. Wenn du deinem Volk befiehlst, es soll sich ins Meer stürzen, wird es eine Revolution anzetteln. Ich habe das Recht, Gehorsam zu fordern, weil meine Befehle vernünftig sind.«

»Und was ist mit meinem Sonnenuntergang?«, erinnerte ihn der kleine Prinz, der niemals eine Frage vergaß, nachdem er sie einmal gestellt hatte.

»Du bekommst deinen Sonnenuntergang. Ich werde

ihn befehlen. Doch da ich mit Weisheit regiere, werde ich warten, bis die Bedingungen günstig stehen.«
»Und wann ist das?«, wollte der kleine Prinz wissen.
»Hm! Hm!«, antwortete der König, während er in einem dicken Kalender nachsah. »Hm! Hm! Das ist gegen ... gegen ... Das ist heute Abend gegen sieben Uhr vierzig! Und du wirst sehen, wie gut man mir gehorcht.«   *Der kleine Prinz, S. 38–39*

*

»Wir wünschen uns nicht, ewig zu leben, sondern nicht zu sehen, wie die Handlungen und Dinge plötzlich ihren Sinn verlieren. Denn dann zeigt sich die Leere, die uns umgibt ...«   *Nachtflug, S. 160*

*

»Was für ein komischer Planet!«, dachte er da. »[...] Und den Menschen fehlt es an Fantasie. Sie wiederholen, was man ihnen sagt [...]«   *Der kleine Prinz, S. 63*

*

»Ich kenne einen Planeten, auf dem ein knallroter Herr wohnt. Er hat noch nie an einer Blume gerochen. Er hat noch nie einen Stern betrachtet. Er hat noch nie jemanden geliebt. Er hat sich noch nie mit etwas anderem beschäftigt als mit Additionen. Und den ganzen Tag lang wiederholt er wie du: ›Ich bin ein ernster Mensch! Ich bin ein ernster Mensch!‹, und dabei schwillt ihm die Brust vor Stolz. Aber er ist kein Mensch, sondern ein Pilz!«   *Der kleine Prinz, S. 27*

*

Erwachsene verstehen nie etwas von selbst und für Kinder ist es ermüdend, ihnen immer wieder alles erklären zu müssen.   *Der kleine Prinz, S. 7*

*

»Dann richtest du eben über dich selbst«, antwortete der König. »Das ist das Schwerste. Es ist viel schwerer, über sich selbst zu richten, als über andere. Wenn es dir gelingt, gut über dich zu richten, bist du wahrlich ein weiser Mann.«   *Der kleine Prinz, S. 39–40*

*

»Und was bringt es dir, die Sterne zu besitzen?«
»Es bringt mir Reichtum.«

»Und was bringt dir der Reichtum?«

»Dass ich mir noch mehr Sterne kaufen kann, wenn jemand welche entdeckt.«

[...]

»Und was machst du damit?«

»Ich verwalte sie. Ich zähle sie und dann zähle ich sie noch mal«, sagte der Geschäftsmann. »Das ist schwierig. Aber ich bin ein ernster Mensch!«

Der kleine Prinz war noch immer nicht zufrieden.

»Wenn ich einen Schal besitze, kann ich ihn mir um den Hals legen und ihn tragen. Wenn ich eine Blume besitze, kann ich sie pflücken und mitnehmen. Aber du kannst die Sterne nicht pflücken!«

»Nein, aber ich kann sie auf die Bank legen.«

»Was heißt das?«

»Das heißt, ich schreibe die Anzahl meiner Sterne auf ein Stück Papier. Und dann schließe ich das Papier in einer Schublade ein.«

»Und das ist alles?«

»Das genügt!«

Das ist unterhaltsam, dachte der kleine Prinz. Es ist sogar ziemlich poetisch. Aber es ist eigentlich nicht ernst zu nehmen.   *Der kleine Prinz, S. 46–47*

*

Wenn wir glauben, dass die Maschine den Menschen ruiniert, liegt das vielleicht daran, dass uns ein wenig Abstand fehlt, um über die Auswirkungen so schneller Veränderungen wie jener, die wir durchgemacht haben, zu urteilen. Was sind schon hundert Jahre Geschichte der Maschine gegenüber zweihunderttausend Jahren Geschichte des Menschen? Wir lassen uns gerade erst in dieser Landschaft der Minen und Elektrizitätswerke nieder. Wir ziehen gerade erst in dieses neue Haus ein, das wir noch nicht einmal fertig gebaut haben. Um uns herum hat sich alles so schnell verändert: menschliche Beziehungen, Arbeitsbedingungen, Bräuche. Selbst unsere Psyche ist in ihren Grundfesten ins Wanken geraten. Die Begriffe Trennung, Abwesenheit, Entfernung, Rückkehr sind zwar noch dieselben Wörter, aber sie beschreiben nicht mehr dieselbe Wirklichkeit. Um die heutige Welt zu begreifen, benutzen wir eine Sprache, die für die gestrige Welt entwickelt wurde. Und das Leben der Vergangenheit scheint uns besser unserer Natur zu entsprechen, einfach weil es besser unserer Sprache entspricht.

Jeder Fortschritt hat uns ein bisschen weiter aus Gewohnheiten vertrieben, die wir gerade erst angenommen hatten, und eigentlich sind wir Emigranten, die ihre Heimat noch nicht gegründet haben.

Die Erde des Menschen, S. 60–61

Wer einsperrt und hinrichtet, wälzt seine Fehler auf andere ab. Also ist er schwach. Denn je stärker du bist, desto mehr stehst du zu deinen Fehlern. Du lernst daraus für deinen Sieg. *Die Stadt in der Wüste, S. 346*

*

Erwachsene lieben Zahlen. Wenn man ihnen von einem neuen Freund erzählt, fragen sie nie nach dem Wesentlichen. Sie fragen nie: »Wie klingt seine Stimme? Welche Spiele mag er am liebsten? Sammelt er Schmetterlinge?« Sondern sie fragen: »Wie alt ist er? Wie viele Brüder hat er? Wie viel wiegt er? Wie viel verdient sein Vater?« Erst dann glauben sie, ihn zu kennen. Wenn ihr den Erwachsenen sagt: »Ich habe ein schönes Haus aus roten Backsteinen gesehen, mit Geranien vor den Fenstern und Tauben auf dem Dach …«, dann können sie sich dieses Haus nicht vorstellen. Man muss ihnen sagen: »Ich habe ein Haus gesehen, das hunderttausend Franc wert ist.« Dann rufen sie: »Oh, wie hübsch!« […] So sind sie nun mal. Das darf man ihnen nicht übel nehmen. Kinder müssen mit Erwachsenen sehr nachsichtig sein. *Der kleine Prinz, S. 17–18*

*

»So wurde mir also klar, dass das wichtigste Geschenk das Geschenk des Weges hin zum Fest war. Und um über deine Kultur zu urteilen, sag mir zuerst, welches deine Feste sind – und wie sie das Herz erfreuen, denn sie sind der Augenblick des Übergangs, das durchschrittene Tor, das Schlüpfen aus der Puppe nach der Häutung – und woher du kommst und wohin du gehst. Dann erst werde ich wissen, was für ein Mensch du bist […].«   *Die Stadt in der Wüste, S. 604*

*

Er hätte weiterkämpfen, sein Glück versuchen können: Es gibt keine äußere Zwangsläufigkeit. Aber es gibt eine innere: Es kommt der Moment, in dem man seine Verletzlichkeit erkennt; dann kann man sich Fehlern ebenso wenig entziehen wie einem Schwindelgefühl.

Und in jenem Moment leuchteten über seinem Kopf, in einem Riss in der Wolkendecke, wie ein tödlicher Köder in einem Fangnetz, ein paar Sterne auf.

Er erkannte genau, dass es eine Falle war: Man sieht drei Sterne in einem Spalt, steigt zu ihnen auf, und dann kann man nicht mehr hinunter, man bleibt dort und beißt sich an den Sternen die Zähne aus …

Aber sein Hunger nach Licht war so groß, dass er hinaufflog.   *Nachtflug, S. 154–155*

»Ein Feigling ist für mich, [...] wer feststellt, dass er mittellos ist, nachdem er darauf verzichtet hat, sich zu bewegen. Ein Feigling ist, wer sagt: ›Der Fluss treibt mich fort‹, denn er hat Muskeln und könnte schwimmen.«

[...]

»Ein Feigling und Verräter ist für mich jeder, der sich über die Fehler anderer oder die Macht seines Feindes beklagt.«   *Die Stadt in der Wüste, S. 448*

*

»Oh! Oh! Da kommt ein Bewunderer zu Besuch!«, rief der Eitle schon von Weitem, sobald er den kleinen Prinzen sah.

Denn für eitle Menschen sind alle anderen Bewunderer. [...]

Eitle Menschen hören immer nur Lob.

Der kleine Prinz, S. 41–42

*

Und ich baue dich auf und erhalte dich, nicht damit du stets versorgt bist, was keine Schwäche deines Herzens ist, sondern damit du ein ausgetretener Pfad bist, eine weit offene Tür, ein solider Tempel, um zu empfangen.

Du sollst ein Musikinstrument sein, das auf den Musiker wartet.   *Die Stadt in der Wüste, S. 301–302*

*

»Ihr Haus war ein Schiff. Es trug die Generationen vom einen Ufer zum anderen. Die Reise hat weder hier noch anderswo Sinn, aber welche Sicherheit es einem doch gibt, dass man seine Fahrkarte hat, seine Kabine und seine Koffer aus gelbem Leder. Dass man an Bord ist ...«

Südkurier, S. 75

*

»[...] Der Vollkommenste soll als Beispiel dienen. Für den Sockel wählst du die beste Statue des besten Bildhauers. Den Kindern liest du die besten Gedichte vor. Als Königinnen wünschst du dir die Schönsten. Denn Perfektion ist eine Richtung, die angezeigt werden soll, auch wenn es außer deiner Macht steht, sie zu erreichen.«   *Die Stadt in der Wüste, S. 591*

*

»Was tust du da?«, fragte er den Säufer, der schweigend zwischen ein paar leeren und ein paar vollen Flaschen saß.

»Ich trinke«, antwortete der Säufer trübsinnig.

»Warum trinkst du?«, fragte der kleine Prinz.

»Um zu vergessen«, antwortete der Säufer.

»Um was zu vergessen?«, wollte der kleine Prinz wissen, der ihn bereits bedauerte.

»Um zu vergessen, dass ich mich schäme«, gestand der Säufer und ließ den Kopf hängen.

»Wofür schämst du dich?«, erkundigte sich der kleine Prinz, der ihm helfen wollte.

»Ich schäme mich, weil ich trinke!«, schloss der Säufer und versank endgültig in Schweigen.

Der kleine Prinz, S. 43

*

[I]ch kenne nicht den Menschen, sondern Menschen. Nicht die Freiheit, sondern freie Menschen. Nicht das Glück, sondern glückliche Menschen. Nicht die Schönheit, sondern schöne Dinge. Nicht Gott, sondern die Inbrunst der Kerzen. *Die Stadt in der Wüste, S. 472*

ÜBER DAS LEBEN

»Wenn man einfach geradeaus läuft, kommt man nicht
sehr weit …« *Der kleine Prinz, S. 14*

*

Er dachte an die kleinen Städte früherer Zeiten, die von
»Inseln« gehört hatten und ein Schiff bauten. Um es
mit ihrer Hoffnung zu beladen. Damit die Menschen
sehen konnten, wie ihre Hoffnung auf dem Meer die
Segel spannte. Alle gereift, alle über sich selbst hinaus-
gewachsen, alle erlöst durch ein Schiff. »Das Ziel mag
nichts rechtfertigen, aber die Handlung erlöst vom
Tod. Diese Menschen lebten weiter durch ihr Schiff.«
Nachtflug, S. 161

*

Nur die Unternehmung zählt. Denn sie dauert an und
nicht das Ziel, das nur eine Illusion des Reisenden ist,
während er von Gebirgskamm zu Gebirgskamm wan-
dert, als hätte das erreichte Ziel einen Sinn. Ebenso gibt
es keinen Fortschritt, wenn man das Bestehende nicht
akzeptiert. Und es immer wieder zurücklässt.
Die Stadt in der Wüste, S. 176

*

Der Tod ist so schön, wenn er natürlich ist, wenn der alte Bauer aus der Provence am Ende seiner Herrschaft seinen Söhnen seine Parzelle mit Ziegen und Olivenbäumen als Leihgabe übergibt, damit sie sie wiederum an die Söhne ihrer Söhne weitergeben. Man stirbt nur halb in einem Bauerngeschlecht. Jede Existenz platzt auf wie eine Schote und gibt ihre Samen frei.

Ich stand einmal mit drei Bauern am Totenbett ihrer Mutter. Und gewiss war es schmerzhaft. Zum zweiten Mal wurde die Nabelschnur durchtrennt. Zum zweiten Mal wurde ein Knoten gelöst: Jener, der eine Generation mit der nächsten verbindet. Die drei Söhne stellten fest, dass sie allein waren, sie mussten alles lernen, ihnen fehlte ein Familientisch, an dem sie sich an Festtagen treffen konnten, ihnen fehlte der Pol, an dem sie alle zusammenkamen. Aber ich stellte auch fest, dass das Leben durch diesen Bruch zum zweiten Mal geschenkt werden kann. Auch die Söhne würden ihrerseits Familienoberhäupter werden, Sammelpunkte und Patriarchen, bis zu der Stunde, in der sie ihrerseits das Kommando an den Nachwuchs weitergeben würden, der im Hof spielte.

Ich betrachtete die Mutter, diese alte Bäuerin mit dem friedlichen und harten Gesicht, den zusammengekniffenen Lippen, diesem Gesicht, das sich in eine steinerne Maske verwandelt hatte. Und ich erkannte darin die

Gesichter der Söhne wieder. Diese Maske hatte dazu gedient, die ihren zu prägen. Dieser Körper hatte dazu gedient, jene Körper zu prägen, jene schönen Menschenexemplare. Und nun ruhte sie ermüdet, aber wie eine Schale, aus der man die Frucht entfernt hat. Ihre Söhne und Töchter würden ihrerseits Menschenkinder prägen. Auf dem Bauernhof starb man nicht. Die Mutter ist tot, es lebe die Mutter.

Schmerzhaft, ja, aber so einfach war dieses Bild des Bauerngeschlechts, das auf seinem Weg seine schönen weißhaarigen Hüllen eine nach der anderen abwarf, während es durch seine Verwandlungen auf eine Wahrheit zumarschierte.

Deshalb erschien mir an jenem Abend die Totenglocke des kleinen Dorfs auf dem Land nicht von Verzweiflung, sondern von einer stillen und zärtlichen Freude erfüllt. Die Glocke, die mit derselben Stimme Beerdigungen und Taufen feierte, verkündete ein weiteres Mal den Übergang von einer Generation zur nächsten. Und man spürte nur einen großen Frieden bei diesem Verlobungsgesang einer armen Alten mit der Erde.

Was so von Generation zu Generation weitergegeben wurde, mit dem langsamen Fortschritt eines wachsenden Baums, war das Leben, aber es war auch das Bewusstsein. Was für ein geheimnisvoller Aufstieg! Aus flüssiger Lava, aus Sternenmasse, aus einer lebenden

Zelle, die durch ein Wunder keimte, sind wir hervorgegangen, und allmählich haben wir uns so weit erhoben,
Kantaten zu schreiben und Milchstraßen zu erforschen.

Die Mutter hatte bei Weitem nicht nur das Leben weitergegeben: Sie hatte ihre Söhne eine Sprache gelehrt,
sie hatte ihnen die so langsam im Lauf der Jahrhunderte angesammelten Kenntnisse anvertraut, das geistige
Erbe, das sie selbst als Leihgabe erhalten hatte, diesen
kleinen Satz Traditionen, Konzepte und Mythen, der
den ganzen Unterschied zwischen Newton oder Shake-
speare und einem Höhlenbewohner ausmacht.

Was wir spüren, wenn wir Hunger haben, jenen Hunger, der die spanischen Soldaten im Kugelhagel zur Bo-
tanikstunde trieb, der Mermoz zum Südatlantik trieb,
der einen anderen zu seinem Gedicht treibt, bedeutet,
dass die Schöpfungsgeschichte nicht abgeschlossen ist
und wir uns unserer selbst und des Universums bewusst werden müssen. Wir müssen in der Nacht Brü-
cken bauen. Das wissen nur diejenigen nicht, die eine
angeblich eigennützige Gleichgültigkeit für weise halten; aber alles widerspricht jener Weisheit! Kameraden, meine Kameraden, seid meine Zeugen: Wann haben wir uns glücklich gefühlt?

Die Erde des Menschen, S. 215–217

Man muss immer nur die Gegenwart in Ordnung bringen. Was bringt es schon, über ihr Erbe zu diskutieren? Die Zukunft muss man nicht vorhersehen, sondern zulassen. *Die Stadt in der Wüste, S. 193*

*

Sie denkt wieder: »Wenn ich aufs Land fuhr …«
Dort … Sie träumt vom Winter. Vom Winter, der alles trockene Holz im Wald jätet und jede Linie des Hauses entblößt, bis das Gerippe der Welt zum Vorschein kommt.
Geneviève geht hinaus und pfeift nach ihren Hunden. Jeder ihrer Schritte lässt die Blätter rascheln, aber sie weiß, dass nach dem Aussortieren des Winters, dem großen Jäten, ein Frühling das Gerüst füllen, in die Äste steigen, die Knospen öffnen, diese Blätterdächer erneuern wird, die tief sind wie Wasser und sich ebenso bewegen.
[…]
Dort kennt sie das Zeichen der Toten und fürchtet es nicht. Jeder fügt seine Stille der Stille des Hauses hinzu. Man schaut von seinem Buch auf, hält den Atem an, man horcht dem Ruf nach, der soeben verklungen ist.
Südkurier, S. 68–69

»[…] Die Rettung ist, einen Schritt zu machen. Noch einen Schritt. Man fängt immer den gleichen Schritt wieder an …« *Die Erde des Menschen, S. 55*

*

Es war kein Bruch, und ich konnte landen. Doch keine Sekunde hatte ich daran geglaubt. Als ich aus dem Flugzeug sprang, sagte ich nichts. Ich war voller Verachtung und glaubte, dass man mich niemals verstehen würde. Zumindest nicht das Wesentliche. In welche Welt ich heimlich hineingeschlichen war. Eine Welt, in die man nicht oft zurückkehrt, um sie zu beschreiben. Und die Machtlosigkeit der Wörter – wie sollte man von diesen Feldern und dieser ruhigen Sonne erzählen? Wie sollte man sagen: »Ich habe die Felder, die Sonne verstanden …«? Und doch stimmte es. Ich spürte ein paar Sekunden lang die tiefe Ruhe dieses Tages in ihrer Fülle. Eines Tages, so solide gebaut wie ein Haus, in dem ich wohnte, in dem ich mich wohlfühlte, aus dem ich vertrieben werden sollte. Eines Tages mit seiner Morgensonne, seinem hohen Himmel und dieser Erde, auf der man friedlich feine Spuren zog. Was für ein schöner Beruf!

Nun traf ich Straßenkehrer, die ihren Teil jener Welt reinigten. Ich war ihnen dafür verbunden. Und Stadtpolizisten, die auf einem Gebiet von 100 Quadratmetern für Frieden sorgten. Und es ergab Sinn, dieses Haus so zu ordnen. Ich war zurückgekehrt, ich war beschützt, ich genoss das Leben.

Und weder Sie noch sonst jemand wird das verstehen. Ich würde so gern jemanden zwingen, es zu verstehen.

Briefe an Rinette, S. 807–808

*

[Ich erinnere mich an den Tod] eines Gärtners, der zu mir sagte: »Wissen Sie … manchmal habe ich beim Umgraben geschwitzt. Mein Rheuma hat mich im Bein gezogen, und ich habe über diese Sklaverei geschimpft. Tja, heute würde ich gern umgraben, die Erde umgraben. Das Umgraben erscheint mir so schön! Beim Umgraben ist man so frei! Und wer wird denn jetzt meine Bäume beschneiden?« Er ließ eine Ackerfläche brachliegen. Er ließ einen Planeten brachliegen. Er war in Liebe verbunden mit allen Ackerflächen und allen Bäumen der Welt. Er war der Großzügige, der Verschwenderische, der große Herr! Er war, wie Guillaumet, der mutige Mann, als er im Namen seiner Schöpfung gegen den Tod kämpfte.

Die Erde des Menschen, S. 58

Sieh dir meine Gärten an, wo die Gärtner in der Morgendämmerung den Frühling erschaffen; sie diskutieren weder über Fruchtknoten noch Blütenkronen: Sie säen Samenkörner.

Darum sage ich euch, ihr Mutlosen, ihr Unglücklichen und ihr Besiegten: Ihr seid die Armee eines Sieges! Denn ihr beginnt in diesem Augenblick, und es ist schön, so jung zu sein.   *Die Stadt in der Wüste, S. 194*

*

Dennoch breitete sich die Nacht aus wie dunkler Rauch und füllte schon die Täler. Man konnte sie nicht mehr von den Ebenen unterscheiden. Dennoch leuchteten schon die Dörfer auf und ihre Lichter antworteten einander. Und auch er ließ mit dem Finger die Positionslichter blinken, antwortete den Dörfern. Die Erde war von Leuchtzeichen übersät, jedes Haus zündete seinen Stern an im Angesicht der unermesslichen Nacht, wie man einen Leuchtturm aufs Meer richtet. Alles, worin sich ein menschliches Leben verbarg, funkelte bereits. Fabien staunte über den Eintritt in die Nacht, der dieses Mal, wie die Einfahrt in einen Hafen, langsam und schön war.   *Nachtflug, S. 115*

*

Ich verstehe die Leute in den Vorstadtzügen nicht mehr, diese Menschen, die sich für Menschen halten und doch durch einen Druck, den sie nicht spüren, wie Ameisen auf das reduziert sind, wozu sie benutzt werden. Womit füllen sie, wenn sie frei haben, ihre erbärmlichen Sonntage? [...] Es gefällt mir nicht, dass Menschen zerstört werden.

Ich bin glücklich mit meinem Beruf. Ich fühle mich wie ein Bauer der Flugplätze. Im Vorstadtzug leide ich ganz andere Todesqualen! Was ist das hier doch für ein Luxus! ...

Ich bereue nichts. Ich habe gespielt, ich habe verloren. Das ist Teil meines Berufs. Aber dennoch habe ich ihn geatmet, den Wind des Meeres.

Wer ihn einmal gekostet hat, vergisst diese Nahrung nicht mehr. Nicht wahr, meine Kameraden? Und es geht nicht darum, gefährlich zu leben. Das klingt überheblich. Für Stierkämpfer habe ich nicht viel übrig. Nicht die Gefahr liebe ich. Ich weiß, was ich liebe. Das Leben. *Die Erde des Menschen, S. 182–183*

*

»[...] So ist das Wesentliche der Kerze nicht das Wachs, das Spuren hinterlässt, sondern das Licht.«

Die Stadt in der Wüste, S. 20

Er lief an den jüdischen Verkaufsbuden vorbei, betrachtete das Meer, dachte darüber nach, dass er nach Lust und Laune in jede beliebige Richtung gehen konnte, dass er frei war … Aber diese Freiheit erschien ihm bitter: Sie zeigte ihm vor allem, wie sehr es ihm an Verbindungen mit der Welt fehlte. […]

Durch seine Freiheit besaß er alles Wesentliche: das Recht, geliebt zu werden, nach Norden oder Süden zu wandern und sich mit seiner Arbeit sein Brot zu verdienen. Was nützte ihm dieses Geld … Während er wie einen mächtigen Hunger das Bedürfnis verspürte, ein Mensch unter den Menschen, mit den Menschen verbunden zu sein. […] Der Kellner des arabischen Cafés, die Passanten auf den Straßen, alle respektierten in ihm den freien Mann, teilten mit ihm gleichberechtigt ihre Sonne, aber auch von ihnen hatte keiner gezeigt, dass er ihn brauchte. […] Ihm fehlte das Gewicht der menschlichen Beziehungen, das den Schritt erschwert, die Tränen, die Abschiede, die Vorwürfe, die Freuden, alles, was ein Mensch jedes Mal, wenn er eine Geste andeutet, aufbaut oder zerstört, ihm fehlten diese tausend Bande, die ihn mit den anderen verbinden und ihn schwer machen. *Die Erde des Menschen, S. 126–129*

*

»Erschaffen heißt vielleicht, beim Tanzen einen falschen Schritt zu machen. Mit dem Meißel im Stein danebenzuschlagen. Das Ziel der Bewegung zählt wenig. Die Bemühung erscheint dir unfruchtbar, du Blinder, der du mit der Nase zu nah dran bist, doch weiche zurück. Betrachte das Treiben des Stadtviertels aus größerer Entfernung. Von dort siehst du nur noch die große Begeisterung und den goldenen Staub der Arbeit. Und die falschen Bewegungen bemerkst du nicht mehr. Denn dieses über sein Werk gebeugte Volk errichtet, mal schlecht und mal recht, seine Paläste und seine Zisternen und seine großen hängenden Gärten. Seine Werke entstehen wie zwangsläufig aus dem Zauber seiner Finger. Und ich sage dir, sie entstehen genauso durch jene, die danebenschlagen, wie durch jene, die erfolgreich sind, denn du kannst den Menschen nicht teilen, und wenn du nur die großen Bildhauer behältst, hast du bald gar keine großen Bildhauer mehr. Wer wäre verrückt genug, einen Beruf zu wählen, der so geringe Überlebenschancen bietet? Der große Bildhauer entsteht aus dem Mutterboden der schlechten Bildhauer. Sie dienen ihm als Leiter und heben ihn heraus. Und der schöne Tanz entsteht aus der Begeisterung beim Tanzen. Und damit der Tanz begeistert, müssen alle tanzen – auch die schlechten Tänzer –, sonst gibt es keine Begeisterung, sondern nur starre

Schrittfolgen und bedeutungsloses Schauspiel. Verurteile ihre Fehler nicht wie der Historiker, der über eine bereits abgeschlossene Epoche richtet. Wer würde der Zeder vorwerfen, dass sie erst ein Samenkorn oder ein Stämmchen oder ein schief gewachsener Zweig ist? Lass alles geschehen. Aus all den Fehlern wird sich der Zedernwald erheben, der an Tagen mit starkem Wind den Weihrauch seiner Vögel verbreitet.«

Die Stadt in der Wüste, S. 59–60

*

Der Gedanke, dass er vielleicht in dreißig Jahren stirbt, verdirbt einem Menschen nicht die Freude. Dreißig Jahre, drei Tage … Das ist eine Frage der Perspektive.

Die Erde des Menschen, S. 162

*

Ich bekam auch leise Gespräche mit. Darin ging es um Krankheiten, Geld, triste Haushaltssorgen. Sie machten die Mauern des öden Gefängnisses sichtbar, in das sich diese Menschen eingesperrt hatten. Und plötzlich erkannte ich das Antlitz des Schicksals.
Alter Bürokrat, mein Kamerad hier, niemand hat dich je ausbrechen lassen, und du kannst nichts dafür. Du

hast dir deinen Frieden geschaffen, indem du, wie die Termiten, alle Fluchtwege zum Licht mit Zement verschlossen hast. Du hast dich in deiner bürgerlichen Sicherheit eingerollt, in deinem Alltag, der erstickenden Routine deines Provinzlebens, du hast diese bescheidene Mauer gegen den Wind und die Gezeiten und die Sterne errichtet. Du willst dich nicht von den großen Problemen beunruhigen lassen, du hattest schon genug Schwierigkeiten damit, dein Menschsein zu vergessen. Du bist sicher kein Bewohner eines umherirrenden Planeten, du stellst dir sicher keine Fragen, auf die es keine Antworten gibt: Du bist ein Kleinbürger von Toulouse. Niemand hat dich rechtzeitig wachgerüttelt. Inzwischen ist der Lehm, aus dem du geformt bist, getrocknet und hart geworden, und niemand kann mehr den in dir schlummernden Musiker wecken, oder den Dichter oder den Astronomen, der vielleicht ursprünglich in dir wohnte.

Ich beschwere mich nicht mehr über die Regenschauer. Der Zauber des Berufs [Pilot] eröffnet mir eine Welt, in der ich in weniger als zwei Stunden auf die schwarzen Drachen und die von blauen Blitzen gekrönten Gebirgskämme treffen werde, in der ich bei Nacht befreit meinen Weg in den Sternen lesen werde.

Die Erde des Menschen, S. 23–24

[D]er Verstorbene ist, wenn man sein Andenken in Ehren hält, gegenwärtiger und mächtiger als der Lebende. *Die Stadt in der Wüste, S. 24*

*

Wenn wir uns unserer Rolle bewusst werden, auch der schwächsten, dann erst werden wir glücklich. Dann erst können wir in Frieden leben und in Frieden sterben, denn was dem Leben einen Sinn gibt, gibt dem Tod einen Sinn. *Die Erde des Menschen, S. 214–215*

*

»Erträume dir kein Reich, in dem alles perfekt ist. Denn guter Geschmack ist die Tugend eines Museumswärters. Und wenn du schlechten Geschmack verachtest, wirst du weder Malerei noch Tanz noch einen Palast oder Gärten haben. Du wirst die Nase rümpfen aus Angst vor der schmutzigen Erdarbeit. Du wirst all das durch die Leere deiner Perfektion verlieren. Erträume dir ein Reich, in dem einfach Begeisterung herrscht.« *Die Stadt in der Wüste, S. 60–61*

*

Vor welch karger Kulisse spielt sich dieses große Spiel der Abneigungen, der Freundschaften, der menschlichen Freuden ab! Woher nehmen die Menschen diesen Sinn für die Ewigkeit, wenn sie in solcher Gefahr leben, auf einer noch lauwarmen Lava und schon bedroht vom zukünftigen Sand, bedroht vom Schnee? Ihre Zivilisationen sind nur zarte Vergoldungen: Ein Vulkan löscht sie aus, ein neues Meer, ein Sandsturm.

Diese Stadt scheint auf richtigem Boden zu ruhen, den man für so fruchtbar und tief hält wie die Erde der Beauce. Man vergisst, dass das Leben, hier wie anderswo, ein Luxus ist und es unter den Füßen der Menschen nirgends sehr tiefe Erde gibt. Aber ich kenne zehn Kilometer von Punta Arenas entfernt einen Teich, der das beweist. Von kümmerlichen Bäumen und niedrigen Häusern gesäumt, unscheinbar wie ein Tümpel auf einem Bauernhof, folgt er unerklärlicherweise den Gezeiten. In einer so friedlichen Umgebung, zwischen Schilfrohr und spielenden Kindern, tut er Tag und Nacht seine langsamen Atemzüge und gehorcht anderen Gesetzen. Unter der glatten Oberfläche, unter dem starren Eis, unter dem einzigen verwitterten Boot, wirkt die Energie des Mondes. Meeresbewegungen arbeiten in den Tiefen dieser schwarzen Masse. Seltsame Verdauungsprozesse laufen dort in der Gegend, bis zur Magellan-Straße, unter der leichten Decke von Gras und Blumen ab. In diesem hundert Meter breiten Tümpel, an der Schwelle einer Stadt, in der man sich zu Hause fühlt, fest in der Erde der Menschen verwurzelt, schlägt der Puls des Meeres. *Die Erde des Menschen, S. 69*

*

[D]er Irrtum ist nicht das Gegenteil der Wahrheit, sondern eine andere Anordnung, ein anderer Tempel aus denselben Steinen, weder wahrer noch falscher, sondern nur anders [...]. *Die Stadt in der Wüste, S. 77*

*

Wer allein in der Hoffnung auf materielle Güter kämpft, erntet in der Tat nichts, wofür es sich zu leben lohnt. *Die Erde des Menschen, S. 60*

*

Er bemerkte, dass er das, was ein Menschenleben schön macht, nach und nach aufs Alter verschoben hatte, auf »wenn er Zeit haben würde«. Als könnte man tatsächlich eines Tages Zeit haben, als würde man am Ende des Lebens diesen glücklichen Frieden erreichen,

den man sich vorstellt. Aber es gibt keinen Frieden.
Vielleicht gibt es auch keinen Sieg.   *Nachtflug, S. 117*

*

Du erschaffst das, womit du dich beschäftigst, und
sonst nichts. Selbst wenn du dich damit beschäftigst,
um dagegen zu kämpfen. Ich erschaffe meinen Feind,
wenn ich gegen ihn Krieg führe. Ich präge und erhärte
ihn. Und wenn ich vorgebe, im Namen zukünftiger
Freiheiten meine Gewalt zu verstärken, erschaffe ich
Gewalt. Denn dem Leben macht man nichts vor. Den
Baum täuscht man nicht: Man lässt ihn wachsen, wie
man ihn biegt. Alles Übrige sind nur leere Worte. Und
wenn ich vorgebe, meine Generation für das Glück zukünftiger Generationen zu opfern, so opfere ich die
Menschen. Nicht diese oder jene, sondern alle. Ich
schließe sie alle ganz einfach im Unglück ein. Alles Übrige sind nur leere Worte. Und wenn ich Krieg führe,
um Frieden zu erlangen, erschaffe ich Krieg. Frieden ist
kein Zustand, den man durch Krieg erreicht. Wenn ich
an den Frieden glaube, der mit Waffen errungen wird,
und abrüste, sterbe ich. Denn Frieden kann ich nur
herstellen, wenn ich Frieden erschaffe.

Die Stadt in der Wüste, S. 89

»Ich weiß nicht, ob das, was ich getan habe, gut ist. Ich kenne weder den genauen Wert eines Menschenlebens noch den der Gerechtigkeit oder des Kummers. Ich weiß nicht genau, was die Freude eines Menschen wert ist. Oder eine zitternde Hand. Oder Mitleid, oder Zärtlichkeit …«

[…] »Das Leben ist so voller Widersprüche, man schlägt sich durch, wie man eben kann … Aber man muss durchhalten, etwas erschaffen, seinen vergänglichen Körper einsetzen …«   *Nachtflug, S. 137*

*

»[…] Was lebendig ist, wirft alles durcheinander, um zu leben, und erschafft, um zu leben, seine eigenen Gesetze. Das ist unausweichlich.«   *Nachtflug, S. 142*

*

»Eigenartig, wie die Ereignisse die Oberhand gewinnen, wie sich eine große, unbestimmte Kraft zeigt, dieselbe, die Urwälder umpflügt, die wachsen lässt, die zwingt, die sich überall um große Werke herum regt.« Rivière dachte an Tempel, die kleine Lianen zum Einsturz bringen.   *Nachtflug, S. 137*

»Wunderschön«, dachte Fabien. Er irrte zwischen Sternen umher, die angehäuft waren wie ein Schatz, in einer Welt, in der nichts, absolut nichts außer ihm, Fabien, und seinem Kameraden lebendig war. Wie die Diebe in Märchenstädten, die in die Schatzkammer eingemauert sind und nicht mehr hinauskommen. Zwischen glänzenden Juwelen irren sie umher, unendlich reich, aber verdammt.

Nachtflug, S. 156

*

Sieg ... Niederlage ... Diese Wörter haben keinen Sinn. Das Leben spielt sich unter diesen Bildern ab und bereitet schon neue vor. Ein Sieg schwächt ein Volk, eine Niederlage weckt ein anderes. Rivières Niederlage ist vielleicht ein Gefecht, das den wahren Sieg näher bringt. Allein das laufende Ereignis zählt.

Nachtflug, S. 166–167

*

Denn in der Tat gab es auf dem Planeten des kleinen Prinzen, wie auf allen Planeten, gute und schlechte Pflanzen. Folglich gab es auch gute Samen von guten Pflanzen und schlechte Samen von schlechten Pflanzen. Aber die Samen sind unsichtbar. Sie schlafen in der Erde versteckt, bis es einem von ihnen in den Sinn kommt aufzuwachen. Dann reckt er sich und streckt der Sonne zunächst zaghaft einen hübschen kleinen, harmlosen Keim entgegen. Wenn es sich um den Keim eines Radieschens oder eines Rosenstrauchs handelt, kann man ihn getrost wachsen lassen, wie er will. Aber wenn es sich um Unkraut handelt, muss man es sofort ausreißen, sobald man es erkannt hat. Auf dem Planeten des kleinen Prinzen gab es schreckliche Samen ... Und zwar die Samen von Affenbrotbäumen. Der Boden des Planeten war voll davon. Und wenn man sich zu spät mit einem Affenbrotbaum befasst, wird man ihn nie wieder los. Er nimmt den ganzen Planeten ein. Er durchbohrt ihn mit seinen Wurzeln. Und wenn der Planet zu klein ist und die Affenbrotbäume zu zahlreich, reißen sie ihn auseinander.

»Es ist eine Frage der Disziplin«, sagte mir der kleine Prinz später. »Wenn man seine eigene Morgentoilette beendet hat, muss man sich gründlich um die Toilette des Planeten kümmern. Man muss sich regelmäßig dazu zwingen, die Affenbrotbäume auszureißen, sobald man sie von den Rosensträuchern unterscheiden kann, denen sie stark ähneln, wenn sie noch sehr jung sind. Die Arbeit ist langweilig, aber auch einfach. [...] Manchmal ist es unbedenklich, seine Arbeit auf später zu verschieben. Aber wenn es sich um Affenbrotbäume handelt, ist es immer eine Katastrophe. Ich kenne einen Planeten, auf dem ein Faulpelz wohnt. Er hatte drei Sträucher übersehen …«   *Der kleine Prinz, S. 21–22*

*

Wenn ich dich also vor dem Tod retten will, reicht es, dass ich dir ein geistiges Reich erfinde, in dem deine Geliebte stets bereit ist, dich zu empfangen. Dann lebst du weiter, denn deine Geduld ist unendlich. Das Haus, aus dem du stammst, hilft dir in deiner Wüste, auch wenn es fern ist. Die Geliebte hilft dir, auch wenn sie fern ist und schläft.

Doch du erträgst nicht, dass sich ein Knoten löst und alle Dinge wild verstreut werden. Und du stirbst, wenn deine Götter sterben. Denn du lebst durch sie. Und du kannst nur dadurch leben, wodurch du sterben kannst. […]

Du wirst für den Sinn des Buches sterben, nicht für die Tinte und nicht für das Papier.

          Die Stadt in der Wüste, S. 521

*

Diese Welt fanden wir jedes Mal wieder vor, wie die bretonischen Matrosen ihre Postkarten-Stadt und ihre bedingungslos treue Verlobte bei ihrer Rückkehr kaum gealtert vorfinden. Immer gleich, die Illustration eines Buches aus der Kindheit. Dass alles so gut an seinem Platz, so gut vom Schicksal geregelt war, jagte uns eine unbestimmte Angst ein. Bernis erkundigte sich nach einem Freund: »Aber ja. Derselbe. Seine Geschäfte laufen nicht sehr gut. Nun ja, du weißt schon … so ist das Leben.« Alle waren Gefangene ihrer selbst, blockiert durch diese unsichtbare Bremse und nicht wie er, dieser Flüchtige, dieses bedürftige Kind, dieser Zauberer.

Die Gesichter seiner Freunde kaum gezeichnet, kaum verlebt von zwei Wintern, von zwei Sommern. Diese Frau in einer Ecke der Bar: Er erkannte sie. Das Gesicht kaum müde vom vielen Lächeln. Dieser Barmann: derselbe. Bernis fürchtete, von ihm erkannt zu werden, als könnte dessen Stimme, wenn sie ihn rief, in ihm einen toten Bernis auferwecken, einen Bernis ohne Flügel, einen Bernis, der nicht ausgebrochen war. *Südkurier, S. 50*

*

»Ich habe mein Gedicht geschrieben. Jetzt muss ich es nur noch korrigieren.«

Mein Vater ärgerte sich: »Du schreibst dein Gedicht und korrigierst es dann! Was ist denn schreiben anderes als korrigieren? Was ist denn töpfern anderes als korrigieren? Hast du je den Lehm sich selbst formen sehen? Durch eine Korrektur nach der anderen entsteht das Gesicht, und schon der erste Daumendruck war eine Korrektur des Lehmblocks. Wenn ich meine Stadt gründe, korrigiere ich den Sand. Dann korrigiere ich meine Stadt. Und durch eine Korrektur nach der anderen nähere ich mich Gott.«

Die Stadt in der Wüste, S. 369

*

Zwei Minuten später, im Gras stehend, war ich jung, wie auf einem Stern abgesetzt, auf dem das Leben noch einmal beginnt. In diesem neuen Klima. Auf diesem Boden, unter diesem Himmel fühlte ich mich wie ein junger Baum. Und ich streckte mich aus nach der Reise mit diesem angenehmen Hunger. Ich machte lange, geschmeidige Schritte, um mich vom Fliegen zu erholen, und ich lachte, weil ich wieder mit meinem Schatten vereint war: gelandet.

Und dieser Frühling! Erinnerst du dich an diesen Frühling nach dem grauen Regen von Toulouse? Diese so neue Luft, die zwischen den Dingen zirkulierte. Jede Frau barg ein Geheimnis: einen Akzent, eine Geste, ein Schweigen. Und alle waren verführerisch. Und dann, du kennst mich ja, diese Eile wieder aufzubrechen, in der Ferne zu suchen, was ich erahnte und nicht verstand, denn ich war ein Wünschelrutengänger, dessen Haselzweig zittert und dem er um die Welt folgt bis zum Schatz.

Aber sag mir doch, was ich suche und warum ich, an mein Fenster gelehnt, in der Stadt meiner Freunde, meiner Sehnsüchte, meiner Erinnerungen verzweifle? Warum finde ich zum ersten Mal keine Quelle und fühle mich so fern vom Schatz? Was ist dieses undeutliche Versprechen, das mir gegeben wurde und das ein undeutlicher Gott nicht hält? *Südkurier, S. 52*

*

Ich habe es dir immer gesagt: Die Zukunft aufzubauen bedeutet zuerst und ausschließlich an die Gegenwart zu denken. *Die Stadt in der Wüste, S. 410*

*

Die Frische überraschte sie. Sie ging den Boulevard entlang und empfand eine tiefe Ruhe bei den Erinnerungen an ihre Kindheit. Bäume, Ebenen. Einfache Dinge. Eines Tages, viel später, hatte sie dieses Kind bekommen, und das war etwas Unerklärliches und zugleich noch Einfacheres. Noch selbstverständlicher als alles andere. Sie hatte diesem Kind an die Oberfläche der Dinge verholfen, zwischen andere lebendige Dinge. Und es gab keine Wörter, um zu beschreiben, was sie sogleich empfunden hatte. Sie fühlte sich ... ja, das war es: intelligent. Und selbstsicher und mit allem verbunden und als Teil eines großen Konzerts. Am Abend hatte sie sich ans Fenster bringen lassen. Die Bäume lebten, wuchsen, zogen einen Frühling aus der Erde: Sie war ihnen ebenbürtig. Und ihr Kind neben ihr atmete schwach, und das war der Motor der Welt, und sein schwacher Atem belebte die Welt.

Südkurier, S. 60–61

*

Ich werde nicht vorhersehen, aber gründen können. Denn die Zukunft baut man auf. [...] Und ich werde mich täuschen, wenn ich sage, ich hätte etwas vorhergesehen. Denn ich werde etwas erschaffen haben.

Die Stadt in der Wüste, S. 104

ÜBER DIE TRÄUME

[A]llein in der Stille entsteht die Wahrheit eines jeden und schlägt Wurzeln. *Die Stadt in der Wüste, S. 61*

*

Hier besaß ich nichts mehr auf der Welt. Ich war nichts als ein Sterblicher, der sich zwischen Sand und Sternen verirrt hatte und es genoss zu atmen …
Und dennoch stellte ich fest, dass ich voller Träume war.
Sie kamen lautlos wie Quellwasser, und zunächst verstand ich das Wohlbefinden nicht, das mich erfüllte. Darin gab es weder Stimmen noch Bilder, aber das Gefühl einer Präsenz, einer sehr nahen und schon halb erahnten Freundschaft. Dann verstand ich und gab mich mit geschlossenen Augen dem Zauber meiner Erinnerungen hin. *Die Erde des Menschen, S. 76*

*

Auch wir bilden einen Stamm. Und diese Welt aus Kindheitserinnerungen an unsere Sprache und die Spiele, die wir erfanden, wird mir immer unvergleichlich viel echter erscheinen als die andere Welt.
Ich weiß nicht, warum ich heute Abend an die kalte Diele in Saint-Maurice denken muss. Nach dem Abend-

essen setzten wir uns auf die Truhen oder in die Leder-
sessel, bis es Zeit wurde, zu Bett zu gehen. Und die On-
kel spazierten im Flur auf und ab. Es gab wenig Licht,
wir vernahmen Gesprächsfetzen, es war geheimnisvoll.
Geheimnisvoll wie das tiefste Afrika. Dann wurde im
Salon Bridge gespielt, die Geheimnisse des Bridge. Wir
gingen schlafen.

In Le Mans, wenn wir im Bett lagen, sangen Sie
manchmal unten. Für uns klang das wie der Wider-
hall eines riesigen Fests. So kam es mir vor. Der »gü-
tigste«, friedlichste, freundlichste Gegenstand, den
ich kenne, ist der kleine Ofen im Zimmer oben in
Saint-Maurice. Nie hat mich irgendetwas so sehr über
das Dasein beruhigt. Wenn ich nachts aufwachte,
brummte er wie ein Kreisel und warf gute Schatten an
die Wand. Ich weiß nicht, warum ich an einen treuen
Pudel dachte. Dieser kleine Ofen beschützte uns vor
allem. Manchmal kamen Sie herauf, öffneten die Tür
und fanden uns von wohliger Wärme umgeben vor.
Sie hörten ihn unermüdlich bullern und gingen wieder hinunter.

Ich hatte nie wieder einen solchen Freund.

Die unermessliche Weite lernte ich nicht durch die
Milchstraße oder das Fliegen oder das Meer kennen,
sondern durch das zweite Bett in Ihrem Zimmer. Was
für ein unglaubliches Glück es war, krank zu sein! Wir

wollten es alle nacheinander sein. Die Grippe eröffnete uns einen unendlichen Ozean. Und es gab einen knisternden Kamin.

[...]

Ich bin nicht sicher, ob ich seit der Kindheit gelebt habe.

[...]

Sie können nicht wissen, welch unermessliche Dankbarkeit ich Ihnen gegenüber empfinde, und auch nicht, welches Haus der Erinnerungen Sie für mich errichtet haben. Ich erwecke den Eindruck, als würde ich nichts fühlen. Ich glaube, ich schütze mich nur mit aller Kraft.

Briefe an seine Mutter, S. 780–781

*

[D]urch den Tod eines Menschen stirbt eine unbekannte Welt, und ich fragte mich, welche Bilder wohl mit ihm untergingen. Welche Plantagen im Senegal, welche weißen Städte im marokkanischen Süden wohl allmählich in Vergessenheit gerieten. Ich konnte nicht wissen, ob in diesem schwarzen Körper einfach alltägliche Sorgen erloschen: den Tee zubereiten, das Vieh zum Brunnen führen ... Ob eine Sklavenseele einschlief oder ob die Erinnerungen des Mannes zurückgekehrt waren und er in seiner ganzen Größe starb. Der harte Schädelknochen glich für mich der alten

Schatztruhe. Ich wusste nicht, welche farbigen Seiden-
stoffe, welche Bilder von Festen, welche hier in der
Wüste so unbrauchbaren, so unsinnigen Überreste darin den Schiffbruch überstanden hatten. Die Truhe war
da, verschlossen und schwer. Ich wusste nicht, welcher
Teil der Welt sich während des tiefen Schlafs der letzten Tage in dem Mann auflöste, in diesem Bewusstsein
und diesem Leib, der nach und nach wieder Nacht und
Wurzel wurde. *Die Erde des Menschen, S. 119*

*

[Ich] erinnerte mich an jenen ersten Tag in Libyen, an
dem Prévot und ich, ohne Wasser abgestürzt und hoff-
nungslos, ein Mal, ein einziges Mal, zwei Stunden lang
schlafen konnten, bevor wir einen zu großen Durst
verspürten. Beim Einschlafen hatte ich das Gefühl,
über eine bemerkenswerte Macht zu verfügen: die
Macht, mich der gegenwärtigen Welt zu verweigern.
Im Besitz eines Körpers, der mich noch in Frieden ließ,
unterschied sich meine Nacht, sobald ich mein Gesicht
auf meine Arme gelegt hatte, für mich durch nichts
mehr von einer glücklichen Nacht.
Die Erde des Menschen, S. 198

*

Ich schreibe dir aus Cisneros, hier ist Wüste, der nächste Weiße ist 600 Kilometer entfernt, die nächste Stadt tausend. Ich übernachte in einem spanischen Fort und höre, wie die Wachposten einander mit »Sentinella! …« rufen, dann antwortet eine noch fernere Stimme »Sentinella …«. Und die Wüste wirkt auf mich noch immer wie ein riesiges offenes Tor, das empfinde ich sonst nirgendwo. Und wenn du die Sterne hier sehen könntest, so blank, so rund. Und diesen silbernen Sand.
»Sentinella! …« Es ist wirklich unheimlich, wenn die menschliche Stimme grenzenlose Dimensionen annimmt. Und was für eine geringe Bedeutung alles hat, wenn man so weit weg ist, das kannst du dir nicht vorstellen. Unfassbar, was man alles vergisst. Und Erinnerungen sind nichtig wie eine Lokalzeitung, die man bei einem Besuch irgendwo durchblättert, wie die Bürgermeisterwahl von Périgueux, der überfahrene Hund von La Rochelle. Mehr nicht.   *Briefe an Freunde, S. 856*

*

»Ich frage mich«, sagte er, »ob die Sterne erleuchtet werden, damit jeder eines Tages den seinen wiederfinden kann. […]«   *Der kleine Prinz, S. 58*

*

Angesichts dieser verwandelten Wüste erinnere ich mich an die Spiele meiner Kindheit, an den düsteren und vergoldeten Park, den wir mit Göttern bevölkerten, an das grenzenlose Königreich, das jener nie ganz erforschte, nie ganz durchstreifte Quadratkilometer für uns bedeutete. Wir bildeten eine geschlossene Zivilisation, in der die Schritte einen Geschmack, die Dinge einen Sinn hatten, der in keiner anderen erlaubt war. Was bleibt für einen Erwachsenen, der nach anderen Gesetzen lebt, von dem schattenreichen, magischen, eiskalten, glühend heißen Park der Kindheit, wenn man nun dort mit einer gewissen Verzweiflung außen an der niedrigen grauen Steinmauer entlanggeht, sich wundert, auf einem so engen Gelände eine Provinz zu finden, aus der man seine Unendlichkeit gemacht hatte, und versteht, dass man nie wieder in diese Unendlichkeit eintreten wird, denn nicht in den Park, sondern in das Spiel müsste man eintreten.

Die Erde des Menschen, S. 130

*

In der Einsamkeit entgeht niemand den Fängen der Vergangenheit. *Die Erde des Menschen, S. 121*

*

In einer Welt, in der sich das Leben so gut mit dem Leben verbindet, in der sich die Blumen selbst bei Gegenwind mit den Blumen mischen, in der der Schwan alle Schwäne kennt, erbauen nur die Menschen ihre Einsamkeit.

Welchen Raum nimmt das Geistige bei ihnen ein! Die Träumerei eines jungen Mädchens trennt es von mir, wie kann ich es dort erreichen? Was kann man denn über ein junges Mädchen wissen, das mit langsamen Schritten nach Hause geht, mit niedergeschlagenen Augen vor sich hin lächelnd, schon voller Ideen und liebenswerter Schwindeleien? Aus den Gedanken, der Stimme und dem Schweigen eines Geliebten hat sich die junge Frau ein Himmelreich errichtet, und seitdem gibt es für sie außer ihm nur noch Barbaren. Ich spüre, wie sie in ihrem Geheimnis, in ihren Gewohnheiten, im singenden Echo ihres Gedächtnisses besser eingeschlossen ist, als wäre sie auf einem anderen Planeten. Gestern aus Vulkanen, Rasenflächen oder der Salzlake der Meere geboren, ist sie heute schon eine halbe Göttin.

Die Erde des Menschen, S. 68

*

Er erinnerte sich an eine musikalische Phrase: ein paar Töne einer Sonate, die er gestern mit Freunden gehört hatte. Seine Freunde hatten ihn nicht verstanden: »Diese Kunst langweilt uns und langweilt Sie, Sie geben es nur nicht zu.«

»Mag sein«, hatte er erwidert.

Er hatte sich, wie heute Abend, einsam gefühlt, aber schnell den Reichtum einer solchen Einsamkeit entdeckt. Die Botschaft dieser Musik erreichte ihn, ihn allein in der breiten Masse, mit der Süße eines Geheimnisses. Wie das Zeichen des Sterns. Man sprach zu ihm, über so viele Schultern hinweg, in einer Sprache, die nur er vernahm.

Auf dem Bürgersteig wurde er angerempelt; wieder dachte er: »Ich werde mich nicht ärgern. Ich bin wie der Vater eines kranken Kindes, der mit kleinen Schritten durch die Menge geht. Er trägt das tiefe Schweigen seines Hauses in sich.«

Er richtete den Blick auf die Menschen. Er versuchte, diejenigen unter ihnen zu erkennen, die mit kleinen Schritten ihre Erfindung oder ihre Liebe herumtrugen, und sann über die Abgeschiedenheit der Leuchtturmwächter nach. *Nachtflug, S. 131–132*

*

Ich beobachtete diese jungen Mädchen ebenfalls verstohlen. Ihren Scharfsinn, ihr lautloses Lachen hinter dem ruhigen Gesicht. Und ich bewunderte die Königlichkeit, die sie ausstrahlten …

Heute träume ich. Das alles liegt weit zurück. Was ist wohl aus den beiden Feen geworden? Wahrscheinlich haben sie geheiratet. Aber haben sie sich verändert? Es ist ein so gravierender Wandel, von einem jungen Mädchen zur Frau zu werden. Was machen sie in einem neu gebauten Haus? Was ist aus ihren Beziehungen zu den Wildkräutern und den Schlangen geworden? Sie waren mit etwas Universellem verbunden. Aber es kommt der Tag, an dem die Frau in dem jungen Mädchen erwacht. Sie träumt davon, endlich eine Neunzehn, die Bestnote, zu vergeben. Eine Neunzehn lastet auf dem Grund des Herzens. Da erscheint ein Trottel. Zum ersten Mal täuschen sich diese scharfen Augen und verklären ihn mit schönen Farben. Wenn der Trottel Verse aufsagt, hält sie ihn für einen Dichter. Sie glaubt, dass er etwas von Löchern im Parkett versteht, sie glaubt, dass er Mangusten mag. Sie glaubt, dass ihm das Vertrauen einer Viper schmeichelt, die sich unter dem Tisch zwischen seinen Beinen schlängelt. Sie schenkt ihm sein Herz, das ein wilder Garten ist, ihm, der nur gepflegte Parks mag. Und der Trottel versklavt die Prinzessin. *Die Erde des Menschen, S. 88*

*

Ich weiß nicht, was in mir geschieht. Die Schwerkraft bindet mich an den Boden, während mich so viele Sterne magnetisch anziehen. Eine andere Schwerkraft bringt mich zu mir selbst zurück. Ich spüre, wie mich mein Gewicht zu so vielen Dingen hinzieht! Meine Träume sind realer als diese Dünen, als dieser Mond, als alles um mich herum. Ach! Das Wunderbare an einem Haus ist weder, dass es einen schützt oder wärmt, noch, dass man seine Wände besitzt. Sondern dass es langsam diese Vorräte an Wohlbefinden in uns angelegt hat. Dass es auf dem Grund des Herzens dieses dunkle Bergmassiv bildet, aus dem, wie Quellwasser, die Träume hervorsprudeln ...

Die Erde des Menschen, S. 79

*

Aber das Großartigste war, dass dort, auf dem runden Rücken des Planeten, zwischen diesem magnetischen Tuch und den Sternen, ein menschliches Bewusstsein existierte, das diesen [Feuerr]egen reflektieren konnte wie ein Spiegel. Auf einer Schicht Mineralien ist ein Traum ein Wunder. Und ich erinnere mich an einen Traum ... *Die Erde des Menschen, S. 74*

*

Also habe ich mich zusammengerollt, um bis zur Morgendämmerung zu schlafen. Und ich bin sehr glücklich, schlafen zu können. Meine Müdigkeit umhüllt mich mit einer vielfältigen Gegenwart. Ich bin nicht allein in der Wüste, mein Halbschlaf ist von Stimmen, Erinnerungen und geflüsterten Geheimnissen bevölkert. Ich habe noch keinen Durst, ich fühle mich gut, ich begebe mich in den Schlaf wie in ein Abenteuer. Die Realität weicht dem Traum …

Die Erde des Menschen, S. 150

*

»Ich weiß noch … ich war ein seltsames kleines Mädchen. Ich hatte mir einen Gott nach meinen Vorstellungen gemacht. Wenn ich in kindlicher Verzweiflung war, habe ich den ganzen Tag über mein Unglück geweint. Doch nachts, sobald die Lampe ausgeblasen war, wandte ich mich an meinen Freund. In meinem Gebet sagte ich zu ihm: Sieh nur, was mir passiert ist, und ich bin viel zu schwach, um mein verpfuschtes Leben wieder in Ordnung zu bringen. Aber ich übergebe dir alles: Du bist so viel stärker als ich. Schau, wie du damit zurechtkommst. Und dann bin ich eingeschlafen.«

Südkurier, S. 57

ÜBER DIE FREUNDSCHAFT

Absolut nichts kann den verlorenen Gefährten jemals ersetzen. Alte Kameraden kann man nicht neu erschaffen. Nichts ist so viel wert wie der Schatz so vieler gemeinsamer Erinnerungen, so vieler zusammen durchlebter schwerer Stunden, so vieler Streitigkeiten, Versöhnungen, Gefühle. Solche Freundschaften kann man nicht wieder aufbauen. *Die Erde des Menschen, S. 41*

*

Ein Freund ist zunächst jemand, der nicht urteilt. Ich habe dir schon gesagt, er ist derjenige, der die Tür öffnet für den Landstreicher, für seine Krücke, für seinen Stock, den er in eine Ecke stellt, und der den Landstreicher nicht auffordert zu tanzen, um seinen Tanz zu beurteilen. Und wenn der Landstreicher vom Frühling draußen am Weg erzählt, ist der Freund derjenige, der in ihm den Frühling empfängt. Und der, wenn der Landstreicher vom Schrecken der Hungersnot in seinem Heimatdorf erzählt, mit ihm unter der Hungersnot leidet. Denn ich habe dir schon gesagt, der Freund ist der Teil im Menschen, der für dich ist und dir eine Tür öffnet, die er vielleicht sonst nirgendwo öffnet. [...] Und bei ihm kann ich schweigen, das heißt, ich muss nichts befürchten für meine inneren Gärten und Berge und Schluchten und Wüsten, denn er wird nicht darauf herumtrampeln. Was du, mein Freund, mit Liebe von mir empfängst, ist wie der Botschafter meines inneren Reichs. Und du behandelst ihn gut und forderst ihn auf, Platz zu nehmen, und hörst ihm zu. Dann sind wir glücklich. Wo hast du mich Botschafter ausschließen oder abweisen sehen, weil man sich in ihrem Reich, tausend Tagesmärsche von meinem entfernt, von Speisen ernährt, die mir nicht schmecken, oder weil ihre Sitten nicht die meinen sind? Freundschaft ist vor allem Waffenruhe und großzügiger geistiger Austausch über banale Kleinigkeiten hinweg. Und jemandem, der an meinem Tisch sitzt, kann ich nichts vorwerfen. Denn wisse: Gastlichkeit und Höflichkeit und Freundschaft sind Begegnungen des Menschen im Menschen.

Die Stadt in der Wüste, S. 197–198

*

Sie sprachen kaum darüber. Eine tiefe Brüderlichkeit machte Worte zwischen ihnen überflüssig.

Nachtflug, S. 165

*

»Für mich bist du bisher nur ein kleiner Junge wie hunderttausend andere kleine Jungen. Ich brauche dich nicht. Und du brauchst mich auch nicht. Ich bin für dich nur ein Fuchs wie hunderttausend andere Füchse. Aber wenn du mich zähmst, werden wir einander brauchen. Du wirst für mich einzigartig auf der Welt sein. Und ich werde für dich einzigartig auf der Welt sein ...«

[...]

»[W]enn du mich zähmst, wird das mein Leben erhellen. Ich werde Schritte kennen, die anders klingen als alle anderen. Bei anderen Schritten verstecke ich mich wieder unter der Erde. Deine werden mich aus meinem Bau rufen wie Musik. Und schau nur! Siehst du die Weizenfelder dort? Ich fresse kein Brot. Für mich hat der Weizen keinen Nutzen. Die Weizenfelder bedeuten mir nichts. Und das ist traurig! Aber dein Haar hat die Farbe von Gold. Es wird wunderbar, wenn du mich gezähmt hast! Der goldene Weizen wird mich an dich erinnern. Und das Rauschen des Windes im Weizen wird mir Freude bereiten ...«

[...]

»Man lernt nur die Dinge kennen, mit denen man sich vertraut macht«, sagte der Fuchs. »Die Menschen haben keine Zeit mehr, irgendetwas kennenzulernen. Sie kaufen alles fertig bei den Händlern. Aber da es keine Händler für Freunde gibt, haben die Menschen keine Freunde mehr. Wenn du einen Freund haben willst, zähme mich!« *Der kleine Prinz, S. 66–67*

Erst wenn wir durch ein gemeinsames Ziel, das außerhalb von uns liegt, mit unseren Brüdern verbunden sind, atmen wir [...]. Kameraden sind nur die, die sich in derselben Seilschaft vereinen, demselben Gipfel entgegen, auf dem sie sich wiederfinden. Warum empfinden wir sonst, selbst im Jahrhundert der Bequemlichkeit, eine so tiefe Freude dabei, in der Wüste unsere letzten Lebensmittel zu teilen? Was bedeuten dagegen die Vorhersagen der Soziologen? All jenen von uns, die die große Freude einer Rettung in der Sahara kennengelernt haben, erschien jeder andere Genuss nichtig.

Vielleicht beginnt deshalb die heutige Welt um uns herum zusammenzubrechen. Jeder begeistert sich für Religionen, die diese Fülle versprechen. Alle drücken wir, mit widersprüchlichen Worten, dieselben Gefühle aus. Wir sind uns uneinig über die Methoden, die unseren Denkweisen entspringen, aber nicht über die Ziele: Sie sind dieselben.

[...]

Wenn Sie jemanden, der nicht gegen Krieg ist, von der Abscheulichkeit des Krieges überzeugen wollen, nennen Sie ihn nicht einen Unmenschen: Versuchen Sie, ihn zu verstehen, bevor Sie über ihn urteilen.

Die Erde des Menschen, S. 206–207

*

Ein Gemeinplatz: Wie Sie schon […] wussten, sind wir für jeden unserer Freunde anders, weil jeder von ihnen in uns andere Gemeinsamkeiten weckt und ein Mensch für einen anderen die Gesamtheit der Reaktionen ist, die er in ihm auslöst. Ebenso ist auf materieller Ebene ein Tisch die Summe der visuellen und taktilen Reaktionen, die er in Ihnen auslöst. Selbstverständlich erkennen wir nicht das »Wesen an sich«, den »Tisch an sich«. Wie Sie schon […] wussten, erzählen zehn Zeugen zehn Versionen derselben Szene. Das ist kein metaphysisches Problem mehr. *Briefe an Rinette, S. 794–795*

*

Sie herrschte über die Bücher, die Blumen, die Freunde. Sie unterhielt Abkommen mit ihnen. Sie kannte das Zeichen, das ein Lächeln hervorruft, das Losungswort, das einzige: »Ach, Sie sind es, mein alter Astrologe …« Oder wenn Bernis eintrat: »Setzen Sie sich, verlorener Sohn …« Jeder war durch ein Geheimnis mit ihr verbunden, durch das angenehme Gefühl, erkannt, ja ertappt zu werden. Die unschuldigste Freundschaft wurde aufregend wie ein Verbrechen. *Südkurier, S. 58*

*

Das Großartige an einem Beruf ist vielleicht vor allem, dass er Menschen zusammenbringt: Es gibt nur einen wahren Luxus, und das sind menschliche Beziehungen. Indem wir allein für materielle Güter arbeiten, bauen wir uns selbst ein Gefängnis. Wir schließen uns einsam ein, mit unserem Geld aus Asche, das nichts erwerben kann, wofür es sich zu leben lohnt.

Die Erde des Menschen, S. 41–42

*

Wenn du bei deinem Freund und dir anderswo als in dir und anderswo als in ihm die gemeinsame Wurzel suchst, wenn es für euch beide über alle Unterschiede hinweg einen göttlichen Knoten gibt, der die Dinge verbindet, dann können weder die Entfernung noch die Zeit euch trennen, denn die Götter, auf die sich eure Einheit gründet, werden über Mauern und Meere nur lachen. *Die Stadt in der Wüste, S. 612*

*

Ich wollte in dir die Liebe zu deinem Bruder wecken. Und zugleich habe ich die Traurigkeit über die Trennung von deinem Bruder geweckt. Ich wollte in dir die Liebe zu deiner Frau wecken. Und ich habe in dir die

Traurigkeit über die Trennung von deiner Frau geweckt. Ich wollte in dir die Liebe zu deinem Freund wecken. Und zugleich habe ich in dir die Traurigkeit über die Trennung von deinem Freund geweckt. So wie jener, der Brunnen baut, auch ihr Fehlen baut.

Doch da ich sah, dass die Trennung dich mehr quälte als alles andere Übel, wollte ich dich heilen und dich lehren, was Anwesenheit ist. Denn der fehlende Brunnen ist für den Verdurstenden immer noch schöner als eine Welt ohne Brunnen. Und selbst wenn du für immer in die Ferne verbannt bist, weinst du, wenn dein Haus brennt. *Die Stadt in der Wüste, S. 608–609*

*

In einer Welt, die zur Wüste geworden ist, dürsteten wir danach, Kameraden zu finden: Der Geschmack des mit Kameraden gebrochenen Brotes ließ uns die Werte des Krieges akzeptieren. Aber wir brauchen den Krieg nicht, um die Wärme benachbarter Schultern zu finden, während wir auf dasselbe Ziel hinstreben. Der Krieg täuscht uns. Der Hass trägt nicht zur Freude des Strebens bei.

Warum einander hassen? Wir sind verbunden, werden vom selben Planeten getragen als Besatzung desselben Schiffes. Und es ist gut, wenn sich Zivilisationen einander gegenüberstellen, um neue Mischungen zu schaffen, aber es ist abscheulich, wenn sie sich gegenseitig vernichten.

Um uns zu erlösen, müssen wir uns nur eines Ziels bewusst werden, das uns miteinander verbindet, also können wir es auch dort suchen, wo es uns alle vereint. Der Chirurg hört bei der Visite nicht die Klagen dessen, den er abhorcht: Durch ihn will er den Menschen heilen. Der Chirurg spricht eine universelle Sprache. Ebenso der Physiker, wenn er über die fast göttlichen Gleichungen nachsinnt, durch die er zugleich das Atom und die Galaxie erfasst. Und so weiter bis zum einfachen Hirten. Denn wenn jener, der bescheiden ein paar Schafe unter den Sternen bewacht, sich seiner Rolle bewusst wird, stellt er fest, dass er mehr ist als ein Diener. Er ist ein Wachposten. Und jeder Wachposten ist verantwortlich für das ganze Reich.

Die Erde des Menschen, S. 213–214

*

Doch es kann sein, dass du einfach mein Freund bist. Ich werde dich also aus Liebe zu dir empfangen, so, wie du bist. Wenn du hinkst, werde ich dich nicht auffordern zu tanzen. Wenn du diesen oder jenen verabscheust, werde ich sie dir nicht als Tischgesellschaft aufzwingen. Wenn du Nahrung brauchst, werde ich dich bewirten.

Ich werde dich nicht aufgliedern, um dich kennenzulernen. Du bist weder diese Tat noch jene andere noch ihre Summe. Weder dieses Wort noch jenes andere noch
ihre Summe. Ich werde dich weder nach diesen Worten
noch nach diesen Taten beurteilen. Sondern ich werde
diese Taten sowie diese Worte nach dir beurteilen.

Im Gegenzug werde ich deine Aufmerksamkeit verlangen. Ich kann nichts anfangen mit einem Freund, der
mich nicht kennt und Erklärungen fordert. Ich habe
nicht die Macht, mich vom schwachen Wind der Worte tragen zu lassen. […]

[…] Mein Freund ist ein Blickwinkel. Ich muss hören,
woher er spricht, denn dadurch ist er ein eigenes Reich
und ein unerschöpflicher Vorrat. Er kann schweigen
und mich dennoch erfüllen. Ich betrachte alles mit seinen Augen und sehe die Welt anders. Ebenso verlange
ich von meinem Freund, dass er schon weiß, woher ich
spreche. Denn nur dann wird er mich verstehen.

Die Stadt in der Wüste, S. 589–590

*

Das Wichtigste an einer Freundschaft ist, dass sie leicht
ist. […] Man könnte wirklich meinen, du erwartest eine Entschuldigung von mir, weil ich auf die merkwür-
dige Idee gekommen bin, entgegen deiner Auffassung

zu handeln. Man darf eine Freundschaft nicht als ein großmütiges Geschenk betrachten, das man verteilt, aussetzt, zurücknimmt und zurückgibt wie eine Zuckerstange an ein Kind, denn sonst bekommt sie ein erdrückendes Gewicht. Ich halte nichts von Freundschaften, die an Bedingungen geknüpft sind. Es handelt sich um Erpressung, wenn man sagt: »Ich will dich nicht mehr sehen, wenn du …« Ich mag meine Freunde trotz ihrer Dummheiten und obwohl sie meinen Rat nicht befolgen: So überheblich bin ich nicht. Ich mag sie um ihretwillen. *Briefe an Freunde, S. 830*

*

[W]enn man nicht verdurstet, bedeutet das noch nicht, dass man existiert.

Wer in der Wüste unter Wassermangel leidet und von einem Brunnen träumt, den er kennt, und im Delirium die Seilwinde quietschen und das Seil knarren hört, lebt besser als jemand, der keinen Durst verspürt und daher überhaupt nicht weiß, dass es liebevolle Brunnen gibt, zu denen die Sterne führen.

Ich ehre deinen Durst nicht, weil er deinem Wasser eine lebenswichtige Bedeutung verleiht, sondern weil er dich zwingt, die Sterne und den Wind und die Spuren deines Feindes im Sand zu lesen. […]

Du bist kein Vieh im Stall. Wenn du den Stall gegen einen anderen tauschst, ist es doch die gleiche Futterkrippe, die gleiche Streu. Und dem Vieh geht es dort weder besser noch schlechter. Aber dir füllt die Mahlzeit nicht nur den Bauch, sondern auch das Herz. Und wenn du zu verhungern drohst und der Freund dir seine Tür öffnet und dich an seinen Tisch setzt und für dich den Milchkrug füllt und das Brot bricht, dann trinkst du das Lächeln, denn die Mahlzeit wird zu einer Zeremonie. Dann bist du gewiss gesättigt, aber auch deine Dankbarkeit für den guten Willen der Menschen wächst. *Die Stadt in der Wüste, S. 499–500*

*

Wir schlugen also unser Nachtlager auf. Nachdem wir aus den Laderäumen fünf oder sechs Versandkisten ausgeladen hatten, leerten wir sie, stellten sie im Kreis auf und zündeten darin jeweils, wie in einem Wächterhäuschen, eine schwache, schlecht gegen den Wind geschützte Kerze an. So errichteten wir mitten in der Wüste, auf der nackten Erdkruste, abgeschieden wie in den ersten Jahren der Welt, ein menschliches Dorf.
Wir setzten uns für die Nacht auf unserem Dorfplatz zusammen, diesem Sandstück, das aus den Kisten flackernd beleuchtet wurde, und warteten. Wir warteten

auf den Tagesanbruch, der uns retten würde, oder die Mauren. Und ich weiß nicht, was dieser Nacht eine weihnachtliche Stimmung verlieh. Wir erzählten einander Erinnerungen, wir scherzten und sangen.

Wir verspürten diese leichte Aufregung wie auf einem gut vorbereiteten Fest. Und doch waren wir unendlich arm. Wind, Sand, Sterne. Der harte Stil der Trappisten. Aber auf dieser dürftig erhellten Fläche teilten sich sechs oder sieben Männer, die auf der Welt nichts mehr besaßen als ihre Erinnerungen, unsichtbare Reichtümer.

Endlich hatten wir uns getroffen. Man geht lange in Schweigen eingeschlossen nebeneinander her oder wechselt nichtssagende Worte. Doch dann kommt die Stunde der Gefahr. Nun unterstützt man sich gegenseitig. Man stellt fest, dass man derselben Gemeinschaft angehört. Man wächst durch die Entdeckung eines anderen Bewusstseins. Man lächelt einander freudig an. Wie der befreite Häftling, der über die unermessliche Weite des Meeres staunt.   *Die Erde des Menschen S. 43–44*

*

Unrecht hatte der, der von seinem winzigen Haus sagte: »Ich habe es so gebaut, dass es alle meine wahren Freunde beherbergen kann …«

Denn was dachte dieser Kranke von den Menschen?

Wollte ich mein Haus für meine wahren Freunde er-
richten, könnte ich es nicht groß genug bauen, denn
ich kenne keinen Menschen auf der Welt, von dem
nicht ein Teil mein Freund wäre, so klein, so flüchtig
dieser Teil auch sein mag [...].

Die Stadt in der Wüste, S. 181

*

Wir sind es gewohnt, lange auf ein Wiedersehen zu
warten. Denn die Kameraden der Linie sind auf der
Welt verstreut, von Paris bis Santiago de Chile, isoliert,
ein wenig wie Wachposten, die kaum miteinander
sprechen. Nur der Zufall der Reisen versammelt, hier
oder dort, die versprengten Mitglieder der großen Be-
rufsfamilie. An einem Abend zu Tisch in Casablanca,
in Dakar, in Buenos Aires nimmt man, nach Jahren des
Schweigens, unterbrochene Gespräche wieder auf und
lässt alte Erinnerungen aufleben. Dann zieht man weiter. So ist die Erde zugleich einsam und reich. Reich an
diesen geheimen, versteckten, schwer zugänglichen
Gärten, zu denen uns der Beruf jedoch immer eines
Tages zurückführt. Das Leben mag uns von den Kameraden trennen, uns daran hindern, viel an sie zu denken, aber sie sind da, auch wenn wir nicht genau wissen, wo, leise und im Hintergrund, aber bedingungslos

treu! Und wenn wir ihre Wege kreuzen, packen sie uns mit überschäumender Freude an den Schultern! Natürlich verstehen wir es zu warten …

Die Erde des Menschen, S. 40

*

Darum habe ich keine Feinde. Im Feind suche ich den Freund. Und er wird es. *Die Stadt in der Wüste, S. 457*

ÜBER DIE LIEBE

»Hier ist mein Geheimnis. Es ist ganz einfach: Man sieht nur mit dem Herzen gut. Das Wesentliche ist für die Augen unsichtbar.«   *Der kleine Prinz, S. 71*

*

Wirklich blind ist, wer den Menschen nur in seinen Taten erkennt, wer glaubt, dass allein die Tat ihn zeigt oder die greifbare Erfahrung oder die Nutzung eines Vorteils. Für den Menschen zählt nicht, worüber er im Augenblick verfügt [...]. Wer mit mir in den Krieg zieht, ist voll der Erinnerungen an seine Geliebte, die er weder sehen noch berühren oder in die Arme schließen kann und die nicht einmal an ihn denkt, denn zu dieser frühen Stunde, in der er die Weite einatmet und die Last auf sich spürt, ist sie auf ihrer so fernen Schlafstätte für die Welt nicht einmal lebendig. Sondern wie abwesend oder tot. Sondern schlafend. Und doch ist der Mann erfüllt davon, dass sie existiert, erfüllt von einer Zärtlichkeit, die er nicht anwendet und die selbstvergessen schläft wie Korn im Speicher, erfüllt von Düften, die er nicht einatmet, erfüllt vom Murmeln eines Springbrunnens, der das Herz seines Hauses bildet und den er nicht hört, und auch dieses Herz ist erfüllt vom Gewicht eines Reichs, das es von anderen unterscheidet.   *Die Stadt in der Wüste, S. 65–66*

Der kleine Prinz ging noch einmal zu den Rosen:
»Ihr seid überhaupt nicht wie meine Rose, ihr seid
noch gar nichts«, sagte er zu ihnen. »Niemand hat euch
mit sich vertraut gemacht und ihr habt euch mit nie-
mandem vertraut gemacht. Ihr seid so, wie mein Fuchs
war. Er war nur ein Fuchs wie hunderttausend andere
auch. Aber ich habe ihn zu meinem Freund gemacht
und jetzt ist er einzigartig auf der Welt.«
Die Rosen schämten sich sehr.
»Ihr seid schön, aber ihr seid leer«, sprach er weiter.
»Man kann nicht für euch sterben. Ein beliebiger Pas-
sant würde natürlich glauben, dass meine Rose euch
ähnelt. Aber sie allein ist wichtiger als ihr alle zusammen, denn ich habe sie gegossen. Ich habe eine Glocke
über sie gestülpt. Ich habe sie mit dem Wandschirm geschützt. Ich habe sie von Raupen befreit (bis auf zwei
oder drei, wegen der Schmetterlinge). Ich habe ihr zu-
gehört, wenn sie sich beklagte und wenn sie sich rühm-
te und sogar manchmal wenn sie schwieg. Denn sie ist
meine Rose.«   *Der kleine Prinz, S. 69–71*

*

Ich verfüge über die Liebe nicht wie über einen Vorrat:
Sie ist vor allem die Übung meines Herzens. […] [D]ie
Liebe erhältst du nicht wie ein Geschenk von einem be-

stimmten Gesicht, ebenso wie Ausgeglichenheit keine Folge der Landschaft ist, sondern deines vollbrachten Aufstiegs. Sondern des bezwungenen Bergs. Sondern deiner Annäherung an den Himmel.

So ist es auch mit der Liebe. Denn man glaubt, man könne sie finden, dabei muss man sie erlernen. Und es täuscht sich derjenige, der durchs Leben irrt, um sich erobern zu lassen, weil er durch kurze Fieber die Glut im Herzen kennengelernt hat und vom großen Fieber träumt, das ihn sein Leben lang erglühen lässt, dabei ist es, aufgrund seines mageren Geists und des niedrigen Hügels, den er bezwungen hat, nur der schwache Sieg seines Herzens.

Ebenso wenig findet man in der Liebe Ruhe, wenn sie sich nicht von Tag zu Tag verändert wie die Mutterschaft. Doch du willst dich in deine Gondel setzen und dein Leben lang der Gesang des Gondoliere sein. Und du täuschst dich. Denn was kein Aufstieg oder Übergang ist, hat keine Bedeutung. Und wenn du stehen bleibst, wirst du dort keine Freude finden, denn du kannst von der Landschaft nichts mehr lernen. Und du wirst die Frau verstoßen, obwohl man zuerst dich verstoßen sollte. *Die Stadt in der Wüste, S. 144–145*

*

[D]ie Erfahrung zeigt uns, dass lieben nicht bedeutet, einander anzuschauen, sondern gemeinsam in dieselbe Richtung zu schauen. *Die Erde des Menschen, S. 206*

*

»Aber das Rätselhafte am Mann, der verzweifelt, wenn die Geliebte sich von ihm abwendet, ist, dass er seine eigene Verarmung nicht erahnt, wenn er selbst aufhört zu lieben [...]. Er sagt sich einfach: ›Sie war nicht so schön wie in meinem Traum oder weniger liebenswert ...‹, und dann lässt er sich zufrieden vom Wind forttreiben. Aber für ihn ist die Welt kein Wunder mehr. Und die Morgendämmerung ist nicht mehr die Morgendämmerung der Rückkehr oder die Morgendämmerung des Erwachsens in ihren Armen. Die Nacht ist nicht mehr das große Refugium für die Liebe. Sie ist nicht mehr, dank der Geliebten, die im Schlaf atmet, dieser große Hirtenmantel. Alles ist verblasst. Alles ist verhärtet. Und der Mann, der nichts von seinem Schaden weiß, weint seinem verflossenen Reichtum nicht nach. Er ist zufrieden mit seiner Freiheit, der Freiheit, nicht mehr zu existieren. [...]«

Die Stadt in der Wüste, S. 71

*

Eine eigenartige Frage lag ihm auf der Zunge, als er diese ernsten Falten betrachtete. Er musste darüber schmunzeln:

»Haben Sie sich in Ihrem Leben viel mit der Liebe befasst, Leroux?«

»Ach, die Liebe, wissen Sie, Herr Direktor ...«

»Sie sind wie ich, Sie hatten nie Zeit.«

»Nicht sehr viel ...«

Rivière lauschte auf den Unterton in der Stimme, um zu erfahren, ob die Antwort bitter war: Sie war nicht bitter. Dieser Mann empfand angesichts seines bisherigen Lebens die ruhige Zufriedenheit des Schreiners, der gerade ein schönes Brett poliert hat: »So. Das ist erledigt.«

»So«, dachte Rivière, »mein Leben ist erledigt.«

Nachtflug, S. 118

*

Spare hieran nicht. Denn es handelt sich nicht um Ware, die man spart, sondern um Regungen des Herzens. Denn geben bedeutet, eine Brücke über die Kluft deiner Einsamkeit zu schlagen. *Die Stadt in der Wüste, S. 183*

*

Du willst Liebesbriefe verschenken, weil du beobachtet hast, dass manche geweint haben, wenn sie welche empfingen, und wunderst dich, dass du sie nicht zu Tränen rührst.

Zu geben reicht nicht. Du hättest denjenigen heranbilden müssen, der empfängt. Für die Freude am Schachspiel hättest du den Spieler heranbilden müssen. Für die Liebe hättest du den Durst nach Liebe heranbilden müssen. *Die Stadt in der Wüste, S. 523*

*

Aus Resten des kaputten Flügels haben wir einen großen Scheiterhaufen errichtet. Mithilfe von Benzin und Magnesiumblechen erzeugen wir einen blendend weißen Schein. Wir haben gewartet, bis es ganz dunkel war, und erst dann unser Feuer angezündet … Aber wo sind die Menschen?

Nun wächst die Flamme. Andächtig sehen wir unsere Laterne in der Wüste brennen. Wir sehen unsere stille und strahlende Botschaft in der Nacht flackern. Und ich denke mir, dass sie zwar einen Hilferuf enthält, aber sie enthält auch viel Liebe. Wir bitten um etwas zu trinken, aber wir bitten auch um Kontakt. Möge ein weiteres Feuer in der Nacht aufleuchten, denn nur die Menschen verfügen über Feuer, mögen sie uns antworten!

Ich sehe die Augen meiner Frau vor mir. Ich werde nichts mehr sehen als diese Augen. Sie stellen Fragen. Ich sehe die Augen all jener vor mir, denen ich vielleicht etwas bedeute. Und diese Augen stellen Fragen. Eine ganze Versammlung von Blicken wirft mir mein Schweigen vor. Ich antworte ja! Ich antworte! Ich antworte mit ganzer Kraft, ich kann keine noch hellere Flamme in die Nacht aussenden!

[…]

Ja, ja, denn genau das ist nämlich unerträglich. Jedes Mal, wenn ich diese wartenden Augen vor mir sehe, verspüre ich einen Stich. Mit einem Mal packt mich das Verlangen aufzustehen und loszulaufen. Dort ruft jemand um Hilfe, dort erleidet jemand Schiffbruch!

Es ist eine seltsame Umkehrung der Rollen, aber genau so ist es mir immer vorgekommen. […]

Ach! Ich akzeptiere gern einzuschlafen, einzuschlafen für diese Nacht oder für Jahrhunderte. Wenn ich einschlafe, kenne ich den Unterschied nicht. Und dann, welch ein Frieden! Aber die Schreie, die dort ausgestoßen werden, die hohen Flammen der Verzweiflung … die Vorstellung ertrage ich nicht. Ich kann bei diesem Unglück nicht untätig zusehen! Jede Sekunde des Schweigens trägt dazu bei, diejenigen, die ich liebe, zu töten. Und eine große Wut steigt in mir auf: Warum hindern mich diese Ketten daran, rechtzeitig anzukommen und die Untergehenden zu retten? Warum trägt unser Feuer unseren Schrei nicht bis ans Ende der Welt? Geduld! … Wir kommen! … Wir kommen! … Wir sind die Retter! Das Magnesium ist verbrannt, und unser Feuer wird rot. Hier ist nur noch einen Haufen Glut, über dem wir uns wärmen. Unsere große leuchtende Botschaft ist zu Ende. Was hat sie auf der Welt bewirkt? Ach! Ich weiß genau, dass sie nichts bewirkt hat. Es handelte sich dabei um ein Gebet, das nicht erhört werden konnte.

Die Erde des Menschen, S. 154–157

*

Meine Generäle haben die Liebe nie besonders gut verstanden.

Denn sie sehen, dass sich der Verliebte über den Tagesanbruch freut, weil er ihm beim Aufwachen seine Liebe zurückgibt. Und sie sehen, dass sich der Krieger über den Tagesanbruch freut, weil er ihm beim Aufwachen seinen voranschreitenden Sieg zurückgibt. Schon breitet sich der Sieg in ihm aus und bringt ihn zum Lachen. Und sie glauben, der Tagesanbruch wäre mächtig und nicht die Liebe.

Aber ich sage, dass man ohne die Liebe nichts tun kann. Denn der Würfel, bei dem du dir keine bestimmte Zahl wünschst, verdrießt dich. Und der Ta-

gesanbruch, der dich einfach in dein Elend zurück-
bringt, verdrießt dich. Und der Tod für den nutzlosen
Brunnen verdrießt dich.

Gewiss, je härter die Arbeit, bei der du dich im Namen
der Liebe verausgabst, desto glücklicher macht sie
dich. Je mehr du gibst, desto mehr wächst du. Aber jemand muss die Liebe auch annehmen. Verlieren ist
nicht geben. *Die Stadt in der Wüste, S. 93*

*

»Die Zeit, die du deiner Rose geschenkt hast, macht
deine Rose so wichtig.«

[…]

»Die Menschen haben diese Wahrheit vergessen«, er-
klärte der Fuchs. »Aber du darfst sie nicht vergessen.
Du bist für immer für das verantwortlich, was du dir
vertraut gemacht hast. Du bist für deine Rose verantwortlich …« *Der kleine Prinz, S. 71*

*

Und darum können Gefängnismauern den Liebenden
nicht einschließen, denn er kommt aus einem Reich,
das nicht aus Dingen besteht, sondern aus dem Sinn
der Dinge, und kann über Mauern nur lachen. Und

wenn die Geliebte irgendwo existiert, selbst schlafend und daher wie tot, sodass sie ihm im Augenblick nichts nützt, und selbst wenn du diese Festungsmauern zwischen ihm und ihr errichtest, nährt sie sich still im Geheimnis seines Geists. Und du wirst die beiden nicht trennen können.   *Die Stadt in der Wüste, S. 277*

*

»Ich lasse ihn noch ein wenig schlafen.«
Sie bewunderte seine nackte, wohlgeformte Brust und dachte an ein schönes Schiff.
Er lag in diesem ruhigen Bett wie in einem Hafen, und damit nichts seinen Schlaf störe, strich sie mit einem Finger über eine Falte, einen Schatten, eine Woge, sie besänftigte dieses Bett wie mit göttlichem Finger das Meer.   *Nachtflug, S. 138*

*

Verwechsle die Liebe nicht mit dem Wahn des Besitzes, der das schlimmste Leid nach sich zieht. Denn entgegen der weit verbreiteten Meinung lässt die Liebe einen nicht leiden. Sondern der Besitzinstinkt lässt einen leiden, der das Gegenteil der Liebe ist.

Die Stadt in der Wüste, S. 189–190

Menschen, die lange Zeit eine große Liebe erfahren haben und ihrer dann beraubt wurden, werden manchmal der erhabenen Einsamkeit müde. Sie nähern sich demütig wieder dem Leben an und gründen ihr Glück auf eine dürftige Liebe. Es tut ihnen wohl aufzugeben, sich zu unterwerfen und in den Frieden der Dinge einzugehen. *Die Erde des Menschen, S. 117*

*

Die Liebe denkt man nicht. Sie ist.
Die Stadt in der Wüste, S. 395

*

»Und dann ist alles gleich …«
Er hatte befürchtet, die Dinge verändert vorzufinden, und litt nun darunter, sie so unverändert anzutreffen. Von Begegnungen, von Freundschaften erwartete er nur noch eine vage Unannehmlichkeit. Aus der Ferne fantasiert man. Geliebte Menschen lässt man bei der Abreise mit einem Stich im Herzen zurück, aber auch mit dem eigenartigen Gefühl, einen in der Erde vergrabenen Schatz zu besitzen. Diese Aufbrüche zeugen manchmal von so geiziger Liebe. In einer Sternennacht in der Sahara, als er von diesen fernen, warmen Zärt-

lichkeiten träumte, die von der Dunkelheit, der Zeit bedeckt waren wie Saatgut, hatte er plötzlich das Gefühl, sich ein wenig abseits zu halten, um sie schlafen zu sehen. An das defekte Flugzeug gelehnt, vor diesem aufgetürmten Sand, diesem gewölbten Horizont, wachte er wie ein Hirte über seine Liebschaften …
»Und was finde ich nun vor!«   *Südkurier, S. 51*

*

»Wenn jemand eine Blume liebt, die es nur ein einziges Mal auf den Millionen und Abermillionen von Sternen gibt, dann muss er nur die Sterne betrachten, um glücklich zu sein. Er sagt sich: ›Dort irgendwo ist meine Blume …‹ Aber wenn das Schaf die Blume frisst, dann ist das für ihn, als würden plötzlich alle Sterne erlöschen! […]«   *Der kleine Prinz, S. 28*

*

»[…] Wer einen Liebesbrief liest, schätzt sich glücklich, ganz gleich, mit welcher Tinte und auf welchem Papier er geschrieben ist. Er würde die Liebe weder im Papier noch in der Tinte suchen.«

Die Stadt in der Wüste, S. 299

So lehren dich auch die Liebesgeschichten, die meine Erzähler dir vortragen, den Geschmack der Liebe. Und die Schönheit, die sie preisen, verschönert alle Frauen. Denn wenn es eine gibt, die es wert ist, dass man für die Süße ihrer Eroberung stirbt, dann ist die Liebe es durch sie wert, dass man stirbt, und jede Frau wird davon verzaubert und verschönert, denn jede könnte, wie das Meer, in ihrem Geheimnis den kostbaren Schatz einer wunderbaren Perle verbergen.

Und du wirst dich keiner von ihnen mehr ohne ein wenig Herzklopfen nähern, wie die Taucher im Korallengolf, wenn sie sich mit dem Meer vermählen.

Die Stadt in der Wüste, S. 514–515

*

Doch schlafen Sie beruhigt in Ihrer Unvollkommenheit, unvollkommene Gattin. Ich renne gegen keine Wand. Sie sind kein Ziel und keine Belohnung und kein Schmuckstück, das um seiner selbst willen verehrt wird, wessen ich schnell überdrüssig würde, sondern Sie sind Weg, Fahrzeug und Wagen. Und ich werde nicht überdrüssig werden, mich zu entwickeln.

Die Stadt in der Wüste, S. 569

*

Mein alter Freund, […] glaub mir, wie sehr ich mich über dein Glück freue. Das kannst du dir nicht vorstellen. Ich bin ganz gerührt. Seit du verliebt bist, bist du charmant geworden. Du wirkst jünger und viel feinfühliger. Was du auch sagst, erst die Frauen machen die Männer intelligent. *Briefe an Freunde, S. 827*

*

Wo hast du eine verlassene Frau gesehen, die dich durch einen Prozess zurückgewinnt, in dem sie beweist, dass sie recht hat? […]
Um deine Liebe zu mir zu nähren, lasse ich in dir jemanden entstehen, der für mich ist. Ich erzähle dir nicht von meinem Leiden, denn dann wirst du meiner überdrüssig. Ich mache dir keine Vorwürfe: Sie würden dich zu recht erzürnen. Ich zähle dir keine Gründe auf, warum du mich lieben sollst, denn du hast keine. Der Grund zu lieben ist die Liebe. Ich zeige mich dir auch nicht so, wie du mich gewünscht hast. Denn jenen wünschst du dir nicht mehr. Sonst würdest du mich noch lieben. Aber ich erziehe dich für mich. Und wenn ich stark bin, zeige ich dir eine Landschaft, die dich zu meinem Freund macht. *Die Stadt in der Wüste, S. 380–381*

*

Als der kleine Prinz einschlief, nahm ich ihn auf den Arm und wanderte weiter. Ich war gerührt. Es schien mir, als trüge ich einen zerbrechlichen Schatz. Es schien mir sogar, als gäbe es nichts Zerbrechlicheres auf der Erde. Ich betrachtete im Mondlicht seine blasse Stirn, seine geschlossenen Augen, die wehenden Haarsträhnen im Wind und sagte mir: »Was ich da sehe, ist nur eine Hülle. Das Wichtigste ist unsichtbar …« Als seine halb geöffneten Lippen sich zu einem leichten Lächeln formten, sagte ich mir weiter: »Was mich an diesem schlafenden kleinen Prinzen so sehr rührt, ist seine Treue zu einer Blume, ist das Bild einer Rose, die in ihm strahlt wie die Flamme einer Lampe, selbst wenn er schläft …« Und er kam mir noch zerbrechlicher vor. Lampen muss man gut schützen: Ein Windhauch kann sie auslöschen …   *Der kleine Prinz, S. 77*

*

Die Liebe ist vor allem zuhören in der Stille. Lieben heißt betrachten. […] Es kommt die Stunde, in der du von deiner Geliebten weder diese Geste noch eine andere, weder dieses Detail des Gesichts noch ein anderes, weder dieses Wort, das sie spricht, noch ein anderes wahrnimmst, sondern sie.

Es kommt die Stunde, in der allein ihr Name als Gebet

ausreicht, denn du hast nichts mehr hinzuzufügen. Es kommt die Stunde, in der du nichts forderst. Weder die Lippen noch das Lächeln oder den zarten Arm, noch den Hauch ihrer Gegenwart. Denn es reicht dir, dass sie ist.

Es kommt die Stunde, in der du dir keine Fragen mehr stellen musst, um diesen Schritt, dieses Wort, diese Entscheidung, diese Weigerung, dieses Schweigen zu verstehen. Denn sie ist. *Die Stadt in der Wüste, S. 562*

*

Ich werde an Land gehen und diesen Brief zur Post bringen. Fühlt euch alle zärtlich umarmt. Ein wenig habe ich euch alle bei mir.

Nun werden Sie bald einen Brief aus Südamerika erhalten. Meine liebe Mama, diese Erde ist ganz klein: Man ist nie sehr weit entfernt. *Briefe an seine Mutter, S. 777*

*

Wer sich beklagt, dass die Liebe ihn nicht erfüllt hat, verkennt die Liebe: Die Liebe ist kein Geschenk, das man erhält. *Die Stadt in der Wüste, S. 553*

*

Denn die wahre Liebe kann man nicht verbrauchen. Je mehr du gibst, desto mehr bleibt dir. Und wenn du aus dem wahren Brunnen schöpfst, so wird er immer großzügiger, je mehr du schöpfst.

Die Stadt in der Wüste, S. 351

ÜBER DAS GLÜCK

»Wenn du das Wort [Glück] begreifen willst, musst du es als Belohnung und nicht als Ziel verstehen, sonst ist es bedeutungslos. [...] In der Stille meiner Liebe habe ich mich lange damit beschäftigt, diejenigen aus meinem Volk zu beobachten, die glücklich erschienen. Und ich habe immer festgestellt, dass das Glück, wie die Schönheit zur Statue, zu ihnen kam, wenn sie es nicht gesucht haben. Und es erschien mir immer als ein Zeichen ihrer Vollkommenheit und der Güte ihres Herzens. Und wenn eine dir sagen kann: ›Ich bin so glücklich‹, öffne ihr dein Haus fürs Leben, denn das Glück, das ihr Gesicht ausstrahlt, ist ein Zeichen ihrer Güte, weil es aus einem belohnten Herzen kommt. [...]«   *Die Stadt in der Wüste, S. 250–251*

*

[M]an entdeckt keine Landschaft von einer Bergspitze aus, wenn man nicht den Abhang erklommen hat, denn die Landschaft ist nicht nur ein Anblick, sondern Beherrschung. Und wenn man dich in einer Sänfte hinaufgetragen hat, siehst du nur eine mehr oder weniger öde Anordnung von Dingen, aber wie durchdringst du sie mit deinem Wesen? Denn die Landschaft ist für denjenigen, der zufrieden die Arme über der Brust verschränkt, eine Mischung aus Durchatmen und Ausruhen der Muskeln nach der Anstrengung, und während der Abend heraufzieht, ist sie auch Wohlgefühl über die hergestellte Ordnung, denn jeder Schritt hat ein wenig die Flüsse geordnet, die Gipfel aufgeräumt, die Kieselsteine des Dorfs in die Ferne geschoben. Die Landschaft ist aus dem Bergsteiger entstanden und die Freude, die ich bei ihm erkenne, ist die Freude des Kindes, das die Steinchen geordnet und seine Stadt gebaut hat und sie nun bewundert, sie mit sich erfüllt. Aber welches Kind wäre glücklich dabei, sich einen Haufen Steine anzusehen, der nur ein Anblick ohne Anstrengung ist? *Die Stadt in der Wüste, S. 135–136*

*

Wir fühlten uns verloren im interplanetaren Raum, zwischen hundert unerreichbaren Planeten, auf der Suche nach dem einzig richtigen Planeten, unserem, der allein unsere vertrauten Landschaften, unsere geliebten Häuser, unsere zärtlichen Beziehungen enthielt.
Nach jenem, der allein enthielt … Ich gestehe, welches Bild sich mir aufdrängte, auch wenn es vielleicht kindisch erscheint. Aber selbst in der größten Gefahr behält man seine menschlichen Sorgen, und ich hatte Durst, und ich hatte Hunger. Wenn wir Cisneros fänden, würden wir volltanken, direkt weiterfliegen und

in der Frische des frühen Morgens in Casablanca landen. Feierabend! Néri und ich würden in die Stadt gehen. Bei Tagesanbruch öffnen schon die ersten kleinen Bistros … Néri und ich würden uns zu Tisch setzen, schön in Sicherheit, und über die vergangene Nacht lachen, bei warmen Croissants und Milchkaffee. Das Leben würde Néri und mir diesen Morgen schenken. Auch die alte Bäuerin erreicht ihren Gott nur mithilfe eines gemalten Bilds, einer naiven Medaille, eines Rosenkranzes: Man muss in einer einfachen Sprache mit uns sprechen, damit wir verstehen. So konzentrierte sich die Lebensfreude für mich in jenem ersten aromatischen und heißen Schluck, in jener Mischung aus Milch, Kaffee und Weizen, durch die man mit den ruhigen Weiden, den exotischen Plantagen und der Getreideernte verbunden wird, durch die man mit der ganzen Erde verbunden wird. Unter so vielen Sternen gab es nur einen, der, um sich von uns fassen zu lassen, diese duftende Frühstückstasse bereithielt.

Die Erde des Menschen, S. 29–30

*

So habe ich lange über den Sinn des Friedens nachgedacht. Er kommt nur von Neugeborenen, von eingefahrener Ernte, vom endlich aufgeräumten Haus. Er kommt von der Ewigkeit, in die die vollendeten Dinge einkehren. Der Frieden der vollen Scheunen, der schlafenden Schafe, der gefalteten Wäsche, der Frieden der einzigen Vollkommenheit, der Frieden etwas gut Gemachten, das ein Geschenk an Gott wird.

Die Stadt in der Wüste, S. 26

*

All jene lügen, die ihre schweren Stunden verleugnen, denn sie haben nichts verstanden. Und sie lassen dich an dir selbst zweifeln, denn wenn du sie ihre Begeisterung verkünden hörst, glaubst du, sie wäre beständig, und so errötest auch du über deine schweren Stunden und veränderst vor den Augen anderer deine Stimme und dein Gesicht, wenn du trauerst.

Doch ich kenne nur die Langeweile, die beständig sein kann. Und sie kommt von der Schwäche deines Geists, der in den Dingen kein Gesicht erkennen kann. Wie jemand, der die Aufstellung des Schachspiels betrachtet, ohne zu ahnen, dass sich darin ein Problem verbirgt. Doch wenn dir von Zeit zu Zeit, als Belohnung für dein Vertrauen auf die Schmetterlingspuppe, die Sekunde der Erleuchtung des Wachpostens oder des Dichters oder des Gläubigen oder des Liebenden oder des Reisenden vergönnt ist, beklage dich nicht darüber, dass du das beglückende Gesicht nicht ständig betrachtest. Denn manche sind so glühend heiß, dass sie den Betrachter versengen. Das Fest ist nicht für jeden Tag.

Die Stadt in der Wüste, S. 607–608

*

Wenn ich nach den Erinnerungen suche, die bei mir einen bleibenden Eindruck hinterlassen haben, wenn ich eine Aufstellung der Stunden mache, die gezählt haben, finde ich darin ganz sicher jene wieder, die ich mit keinem Vermögen hätte erwerben können. Die Freundschaft eines Kameraden wie Mermoz, den die gemeinsam durchgestandenen Prüfungen für immer mit mir verbunden haben, kann man nicht kaufen.

Diese Flugnacht und ihre hunderttausend Sterne, diese Gelassenheit, diese Souveränität für ein paar Stunden kann man mit Geld nicht kaufen.

Dieses neue Aussehen der Welt nach einer schwierigen Etappe, diese Bäume, diese Blumen, diese Frauen, diese lächelnden Gesichter in den frischen Farben des Lebens, das uns gerade in der Morgendämmerung zurückgegeben wurde, dieses Konzert der kleinen Dinge, die uns belohnen, kann man mit Geld nicht kaufen.

Die Erde des Menschen, S. 42

Du gleichst dem Spieler, der, da er nicht Schach spielen kann, seine Freude im Sammeln von Gold- und Elfenbeinfiguren sucht und darin nur Langeweile findet, während der andere, den die göttlichen Regeln für das komplizierte Spiel geweckt haben, für sein Entzücken nur einfache, grobe Holzstücke braucht.

Die Stadt in der Wüste, S. 509

*

Ich werde mich nun weiter unter die Spanierinnen mischen. In diesem milden Wetter haben alle ein Geheimnis, aber es ist dasselbe. Denn man sieht einander an und lächelt. Und um zu lächeln muss man keine drei Wörter Spanisch können, also unterhalte ich mich ...
Ich habe mein Briefpapier unterm Arm für den Fall, dass ich Lust bekomme, Ihnen heute Abend noch einmal zu schreiben.
Und wenn ich nicht schreibe ... *Briefe an Rinette, S. 814*

*

Was ist die Oase ohne die Wüste?

Die Stadt in der Wüste, S. 494

*

So ist es auch mit dem Besitz von Edelsteinen. Du bringst sie in ein Museum. Du sagst: »Sie gehören allen.« Und gewiss wird dein Volk an Regentagen an den Vitrinen vorbeigehen. Und die Leute werden vor den Smaragdsammlungen gähnen, denn es gibt keine Zeremonie mehr, die ihnen eine Bedeutung verleiht. Und inwiefern strahlen sie mehr als geschliffenes Glas?

Die Stadt in der Wüste, S. 580

*

In den Trümmern hat Prévot eine wunderbare Orange gefunden. Wir teilen sie uns. Ich bin davon überwältigt, und doch ist es wenig, wo wir doch zwanzig Liter Wasser bräuchten.

Ich liege an unserem nächtlichen Feuer, betrachte diese strahlende Frucht und sage mir: »Die Menschen wissen nicht, was eine Orange ist …« Und ich sage mir: »Wir sind verdammt, und wieder zerstört mir diese Gewissheit nicht den Genuss. Diese halbe Orange, die ich in der Hand halte, schenkt mir eine der größten Freuden meines Lebens …« Ich lege mich auf den Rücken, ich sauge meine Frucht aus, ich zähle die Sternschnuppen. Für eine Minute bin ich unendlich glücklich. Und ich sage mir wieder: »Die Welt, nach deren Regeln wir leben, kann man nicht erkennen, wenn man nicht selbst darin gefangen ist.« Erst heute verstehe ich die Zigarette und das Glas Rum des Verurteilten. Ich konnte mir nicht vorstellen, dass er diese erbärmlichen Gaben akzeptiert. Und doch bereiten sie ihm einen großen Genuss. Wenn der Mann lächelt, glauben wir, er wäre mutig. Aber er lächelt, weil er seinen Rum trinkt. Wir wissen nicht, dass er den Blickwinkel gewechselt und aus dieser letzten Stunde ein menschliches Leben gemacht hat.

Die Erde des Menschen, S. 169–170

*

Und so betrachtete ich, als ich im Delta des Abends, in dem sich alles auflöst, unter meinem Volk spazieren ging, die Menschen in ihren alten zerknitterten Kleidern auf der Schwelle ihrer bescheidenen Verkaufsbuden, wie sie sich von ihrer Bienentätigkeit erholten, und ich interessierte mich weniger für sie als für die Vollkommenheit der Honigwabe, an der sie den ganzen Tag lang gemeinsam gearbeitet hatten. Und ich blieb nachdenklich vor einem von ihnen stehen, der blind war und auch noch ein Bein verloren hatte. So alt, dem Tod so nah, dass alles ächzte wie ein altes Möbelstück, wenn er sich bewegte. Er antwortete langsam, denn er war hochbetagt und konnte nicht mehr klar sprechen, doch der Gegenstand des Austauschs wurde immer strahlender und klarer und verständlicher. Denn mit zitternden Händen steuerte er noch seine Arbeit bei, die zu einem immer feineren Elixier geworden war. Und er, der so wunderbar aus seiner alten harten Haut ausbrach, wurde immer glücklicher, immer unangreifbarer. Immer unvergänglicher. Und im Sterben wusste er nicht, dass seine Hände voller Sterne waren … *Die Stadt in der Wüste, S. 43*

*

Wenn ich dir ein komplettes Vermögen schenken würde, wie bei einer unerwarteten Erbschaft, inwiefern würde ich dich wachsen lassen? Wenn ich dir die schwarze Perle vom Grund des Meeres schenken würde, ohne dass du am Zeremoniell der Tauchgänge teilnimmst, inwiefern würde ich dich wachsen lassen? Du wächst nur durch das, was du verwandelst, denn du bist ein Samen. Für dich gibt es kein Geschenk. Deshalb will ich dich beruhigen, wenn du wegen verpasster Gelegenheiten verzweifelst. Es gibt keine verpassten Gelegenheiten. *Die Stadt in der Wüste, S. 552*

*

»Was der Wüste ihre Schönheit verleiht«, sagte der kleine Prinz, »ist, dass sich darin irgendwo ein Brunnen versteckt …«

Ich war überrascht, als ich plötzlich das geheimnisvolle Strahlen des Sandes verstand. Als kleiner Junge wohnte ich in einem alten Haus, in dem einer Legende nach ein Schatz vergraben war. Natürlich ist es nie jemandem gelungen, ihn zu finden, vielleicht hat ihn auch nie jemand gesucht. Aber er verzauberte das ganze Haus. Tief im Herzen meines Hauses versteckte sich ein Geheimnis …

»Ja«, pflichtete ich dem kleinen Prinzen bei, »das, was das Haus, die Sterne oder die Wüste so schön macht, ist unsichtbar!« *Der kleine Prinz, S. 77*

*

Und ich, der König, werde dir den einzigen Rosenstock schenken, der dich bereichern kann, denn ich fordere seine Rose von dir. So habe ich für dich die Treppe zu deiner Erlösung geschaffen. Zuerst wirst du die Erde aufhacken und umgraben, und du wirst früh aufstehen, um zu gießen. Und du wirst dein Werk bewachen und vor Würmern und Raupen schützen. Dann wird die sich öffnende Knospe dich rühren, und zum Fest, wenn die Rose erblüht ist, wirst du sie pflücken können. Und wenn du sie gepflückt hast, kannst du sie mir reichen. Ich werde sie aus deinen Händen erhalten und du wirst abwarten. Du konntest mit einer Rose nichts anfangen. Du hast sie gegen mein Lächeln getauscht … Und nun kehrst du beglückt vom Lächeln deines Königs nach Hause zurück. *Die Stadt in der Wüste, S. 494*

Der kleine Prinz konnte sich nicht erklären, welchen Zweck eine Straßenlaterne und ein Straßenlaternenanzünder irgendwo am Himmel, auf einem Planeten ohne Haus oder Bewohner, haben konnten. Dennoch sagte er sich:
»Gut möglich, dass der Mann verrückt ist. Aber er ist immer noch weniger verrückt als der König, der Eitle, der Geschäftsmann und der Säufer. Seine Arbeit hat wenigstens einen Sinn. Wenn er seine Laterne anzündet, ist das, als würde er einen zusätzlichen Stern oder eine Blume aufgehen lassen. Wenn er die Laterne löscht, schlafen die Blume oder der Stern wieder ein. Das ist eine sehr schöne Beschäftigung. Sie ist wirklich nützlich, weil sie schön ist.« *Der kleine Prinz, S. 48*

*

»Sie verkamen in der Illusion von Glück, das sie aus Besitztümern zogen. Dabei ist Glück nur die Hitze der Tat und die Zufriedenheit mit dem Geschaffenen. Diejenigen, die nichts mehr von sich selbst geben und von anderen ihre Nahrung erhalten, sei sie auch die erlesenste und schmackhafteste, selbst diejenigen, die feinsinnig fremden Gedichten lauschen, ohne eigene zu schreiben, genießen die Oase, ohne sie zu beleben, singen Loblieder, die man ihnen vorgibt, binden sich selbst an ihre Futterraufe im Stall und sind, auf die Rolle von Vieh herabgesetzt, bereit für die Sklaverei.«

Die Stadt in der Wüste, S. 51–52

*

Heute Abend haben wir im Fort gegessen, und der Kapitän-Gouverneur hat uns stolz seinen Garten gezeigt. Er hat sich aus Frankreich tatsächlich drei Kisten mit richtiger Erde liefern lassen, die nun viertausend Kilometer zurückgelegt haben. Darin wachsen drei grüne Blätter, und wir streicheln sie mit den Fingerspitzen wie Schmuck. Wenn der Kapitän davon spricht, sagt er: »Das ist mein Park.« Und wenn der Sandsturm weht, der alles austrocknet, wird der Park in den Keller hinuntergetragen.

Wir wohnen einen Kilometer vom Fort entfernt und

gehen nach dem Abendessen im Mondschein zurück. Im Mondlicht ist der Sand rosa. Wir spüren unsere Entbehrungen, aber der Sand ist rosa.

Die Erde des Menschen, S. 97

*

Auch wenn die Erfahrung mir gezeigt hat, dass man in Wüsten und Klöstern und an Orten der Entbehrung einen größeren Anteil glücklicher Menschen findet als unter den Bewohnern fruchtbarer Oasen oder sogenannter glücklicher Inseln, habe ich daraus nicht geschlossen – was auch dumm gewesen wäre –, dass die Qualität der Nahrungsmittel der Qualität des Glücks entgegensteht, sondern einfach nur, dass die Menschen dort, wo Waren in größerer Zahl vorhanden sind, auch mehr Möglichkeiten haben, sich bezüglich der Natur ihrer Freuden zu täuschen, denn die Freuden scheinen von den Dingen zu kommen, obwohl die Menschen sie nur aus dem Sinn erlangen, den die Dinge in diesem Reich oder an jenem Ort oder in jenem Gebiet annehmen. Daher kann es sein, dass die Menschen es im Wohlstand leichter übertreiben und öfter nach sinnlosen Reichtümern streben.

Während jene in der Wüste oder im Kloster nichts besitzen und genau wissen, woher ihre Freuden stam-

men und dadurch leichter die Quelle ihrer Seligkeit
bewahren. *Die Stadt in der Wüste, S. 383–384*

*

Wenn ich dir ein Reich erfinde, in dem man dir jeden
Abend Diamanten liefert, die irgendwo geschürft wurden, könnte man dich ebenso mit Kieselsteinen bereichern, denn du wirst darin nichts mehr von dem finden, was du dir gewünscht hast. Reicher ist jener, der
sich das ganze Jahr lang gegen den Felsen abmüht und
einmal im Jahr die Frucht seiner Arbeit verbrennt, um
den Lichterglanz zu genießen, als jener, der jeden Tag
von irgendwo Früchte erhält, die nichts von ihm gefor-
dert haben. *Die Stadt in der Wüste, S. 323*

*

»Was machst du da?«, fragte der kleine Prinz.
»Ich sortiere die Reisenden in Tausenderpaketen«, antwortete der Weichensteller. »Ich schicke die Züge, die
sie fortbringen, mal nach rechts und mal nach links.«
Und ein leuchtender Schnellzug donnerte grollend vorbei und erschütterte das Häuschen des Weichenstellers.
»Die haben es aber eilig«, sagte der kleine Prinz. »Was
suchen sie?«

»Das weiß nicht mal der Lokführer«, antwortete der Weichensteller.

Und in die entgegengesetzte Richtung grollte ein zweiter leuchtender Schnellzug vorbei.

»Kommen sie schon wieder zurück?«, fragte der kleine Prinz …

»Das sind nicht dieselben«, sagte der Weichensteller. »Sie wechseln sich ab.«

»Waren sie denn nicht zufrieden dort, wo sie waren?«

»Man ist nie zufrieden dort, wo man ist«, sagte der Weichensteller.

Da grollte donnernd ein dritter leuchtender Schnellzug vorbei.

»Verfolgen sie die ersten Reisenden?«, fragte der kleine Prinz.

»Sie verfolgen gar nichts«, sagte der Weichensteller. »Sie schlafen da drin oder zumindest gähnen sie. Nur die Kinder drücken ihre Nasen an die Fensterscheiben.«

»Nur die Kinder wissen, was sie suchen«, sagte der kleine Prinz. »Sie schenken ihre Zeit einer Stoffpuppe, die Puppe wird ihnen sehr wichtig, und wenn man sie ihnen wegnimmt, weinen sie …«

»Sie haben es gut«, sagte der Weichensteller.

Der kleine Prinz, S. 73–74

»Guten Tag«, sagte der kleine Prinz.

»Guten Tag«, antwortete der Händler.

Er war ein Händler für hochentwickelte Pillen gegen den Durst. Wenn man einmal pro Woche eine nimmt, verspürt man kein Bedürfnis mehr zu trinken.

»Warum verkaufst du so etwas?«, fragte der kleine Prinz.

»Das ist eine enorme Zeitersparnis«, antwortete der Händler. »Experten haben ausgerechnet, dass man damit dreiundfünfzig Minuten pro Woche spart.«

»Und was macht man dann mit den dreiundfünfzig Minuten?«

»Man macht damit, was man will …«

»Nun«, sagte sich der kleine Prinz, »wenn ich dreiundfünfzig Minuten zur Verfügung hätte, würde ich in aller Ruhe zu einer Quelle spazieren …«

Der kleine Prinz, S. 74–75

*

Sie kam an einem Antiquitätenhändler vorbei. Geneviève dachte an die Nippfiguren in ihrem Wohnzimmer, ihre Fallen für die Sonne. Alles, was das Licht einfängt, gefiel ihr, alles, was hell aufleuchtet. Sie blieb stehen, um ein stilles Lächeln in einem Kristallglas zu genießen: dasselbe, das in gutem, altem Wein schimmert. In ihrem müden Bewusstsein vermischte sie Licht, Gesundheit und die Gewissheit zu leben und wünschte sich für das Zimmer des ihr entschwindenden Kindes diesen ruhigen Glanz wie einen goldenen Haken. *Südkurier, S. 61*

*

Wenn du dich selbst gibst, erhältst du dafür mehr als du gegeben hast. Denn du warst nichts und wirst etwas. *Die Stadt in der Wüste, S. 350*

*

Der Besitz des Gegenstands ist gewiss fortdauernd, nicht jedoch die Nahrung, die er dir bietet. Denn der Gegenstand hat allein den Sinn, dich zu stärken, und du stärkst dich durch seine Eroberung, aber nicht durch seinen Besitz. Deshalb verehre ich denjenigen, der dich zu schwierigen Eroberungen auffordert, wie den Berg zu besteigen, das Gedicht zu schreiben und die scheue Seele zu verführen, und der dich damit zwingt, jemand zu werden. Doch ich verachte alle angelegten Vorräte, denn sie bieten dir nichts mehr. Und wenn der Diamant einmal geschürft ist, was machst du damit?

Denn ich gebe dem Fest seinen vergessenen Sinn zurück. Das Fest ist die Krönung der Vorbereitungen für das Fest, das Fest ist der Berggipfel nach dem Aufstieg, das Fest ist der Griff nach dem Diamanten, sobald du ihn aus der Erde lösen kannst, das Fest ist der krönende Sieg nach dem Krieg, das Fest ist die erste Mahlzeit des Kranken am ersten Tag seiner Genesung, das Fest ist das Versprechen der Liebe, wenn du die Geliebte ansprichst und sie die Augen niederschlägt ...

Die Stadt in der Wüste, S. 322

*

»Ich muss wohl zwei, drei Raupen ertragen, wenn ich Schmetterlinge sehen will. [...]«   *Der kleine Prinz, S. 35*

*

Wie albern ist derjenige, der das Glück der Menschen in der Erfüllung ihrer Wünsche sucht, weil er sie danach streben sieht und glaubt, für den Menschen zähle vor allem das Erreichen des Ziels. Als ob es jemals ein Ziel gäbe.   *Die Stadt in der Wüste, S. 374–375*

*

Er lachte, berührte das Seil, spielte mit der Seilwinde. Und die Seilwinde krächzte wie ein alter Wetterhahn, wenn der Wind lange geschlafen hat.

»Hörst du«, sagte der kleine Prinz, »wir wecken den Brunnen und er singt …«

Ich wollte nicht, dass er sich anstrengte:

»Lass mich das machen«, sagte ich, »das ist zu schwer für dich.«

Ich zog den Eimer langsam bis zum Rand hoch. Dort stellte ich ihn ganz gerade hin. In meinen Ohren klang noch der Gesang der Winde und in dem zitternden Wasser sah ich die Sonne erzittern.

»Ich habe Durst nach diesem Wasser«, sagte der kleine Prinz, »gib mir zu trinken …«

Und ich verstand, was er gesucht hatte!

Ich hob den Eimer an seine Lippen. Er trank mit geschlossenen Augen. Es war beglückend wie ein Fest. Dieses Wasser war wirklich etwas anderes als ein Nahrungsmittel. Es war der Wanderung unter den Sternen, dem Gesang der Seilwinde, der Anstrengung meiner Arme entsprungen. Es tat dem Herzen gut wie ein Geschenk. Als ich ein kleiner Junge war, verliehen so das Licht des Weihnachtsbaums, die Musik der Mitternachtsmesse und die Sanftheit der lächelnden Gesichter meinem Weihnachtsgeschenk sein ganzes Strahlen.

»Die Menschen bei dir zu Hause«, sagte der kleine

Prinz, »züchten fünftausend Rosen in ein und demselben Garten ... und sie finden darin nicht, was sie suchen ...«

»Sie finden es nicht ...«, antwortete ich.

»Dabei befindet sich das, was sie suchen, in einer einzigen Rose oder einem Schluck Wasser ...«

»Gewiss«, antwortete ich.

Und der kleine Prinz fügte hinzu:

»Aber die Augen sind blind. Man muss mit dem Herzen suchen.«

Ich hatte getrunken. Ich konnte gut atmen. Der Sand hat bei Tagesanbruch die Farbe von Honig. Auch diese Honigfarbe machte mich glücklich.

Der kleine Prinz, S. 79–80

*

Und wenn du mir einen Schatz bringst, soll er so zart sein, dass der Wind ihn forttragen kann.

Am jungen Gesicht gefällt mir, dass es vom Alter bedroht ist, und am Lächeln, dass ein Wort von mir es leicht in Weinen verwandeln kann.

Die Stadt in der Wüste, S. 318

*

»Das Wichtige sieht man nicht …«

»Gewiss …«

»Es ist wie mit der Blume. Wenn du eine Blume liebst, die sich auf einem Stern befindet, ist es schön, nachts den Himmel zu betrachten. Dann sind alle Sterne mit Blumen geschmückt.«

»Gewiss …«

»Es ist wie mit dem Wasser. Das Wasser, das du mir zu trinken gegeben hast, war wie Musik, wegen der Seilwinde und des Seils … du erinnerst dich … es war herrlich.«

»Gewiss …«

»Du wirst nachts die Sterne betrachten. Mein Zuhause ist zu klein, als dass ich dir zeigen könnte, wo mein Stern sich befindet. Umso besser. So kann jeder Stern für dich der meine sein. Also wirst du alle Sterne gern betrachten … Sie werden alle deine Freunde sein. Und ich mache dir ein Geschenk …«

Er lachte noch einmal.

»Ach! Kleiner Mann, kleiner Mann, wie gern ich dieses Lachen höre!«

»Genau das ist mein Geschenk … es wird wie mit dem Wasser …«

»Wie meinst du das?«

»Die Sterne sind nicht für alle Leute gleich. Für Reisende sind die Sterne Wegweiser. Für andere sind sie nichts als kleine Lichter. Für wieder andere, die Wissenschaftler, sind sie Probleme. Für meinen Geschäftsmann waren sie Gold. Aber all diese Sterne schweigen. Du wirst Sterne haben wie sonst niemand …«

»Wie meinst du das?«

»Wenn du nachts den Himmel betrachtest, wird es für dich sein, als würden alle Sterne lachen, weil ich auf einem von ihnen wohne, weil ich auf einem von ihnen lache. Du allein wirst Sterne haben, die lachen können!«

Und er lachte noch einmal.

»Und wenn du dich getröstet hast (man tröstet sich immer), wirst du froh sein, dass du meine Bekanntschaft gemacht hast. Du wirst immer mein Freund sein. Du wirst mit mir lachen wollen. Und manchmal wirst du dein Fenster öffnen, einfach so zum Spaß … Und deine Freunde werden sich sehr wundern, dich lachen zu sehen, während du den Himmel betrachtest. Dann sagst du zu ihnen: ›Ja, die Sterne bringen mich immer zum Lachen!‹ Und sie werden dich für verrückt erklären. Als hätte ich dir übel mitgespielt …«

Und er lachte noch einmal.

»Es wird, als hätte ich dir statt Sternen unzählige kleine Glöckchen gegeben, die lachen können …«

Und er lachte noch einmal.   *Der kleine Prinz, S. 85–87*

QUELLEN

Briefe, Œuvres complètes, Éditions Gallimard 1994

Der kleine Prinz, übersetzt von Marion Herbert, Anaconda Verlag 2015

Die Erde des Menschen, übersetzt von Marion Herbert, Anaconda Verlag 2017

Die Stadt in der Wüste (Citadelle), Collection folio, Éditions Gallimard 1948

Nachtflug (Vol de nuit), Œuvres complètes, Éditions Gallimard 1994

Südkurier (Courrier sud), Œuvres complètes, Éditions Gallimard 1994